JN336592

アジアの文化は越境する

映画・文学・美術

四方田犬彦［編著］
Yomota Inuhiko

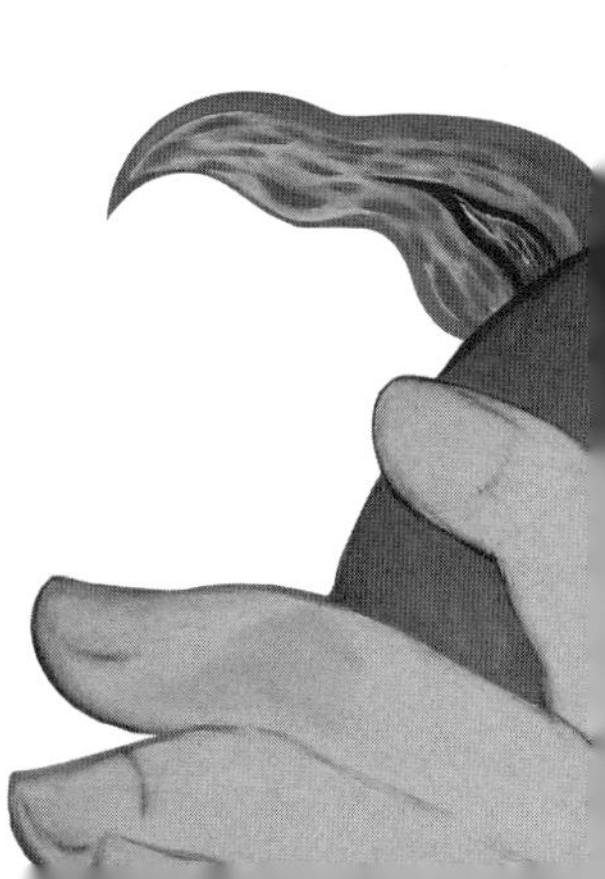

弦書房

目次

装丁＝毛利一枝

装画＝ニルーファル・チャマン［バングラデシュ］

「パキラ、オ パキ アグンタ ニビエ ジャー」（シリーズ1）

2003年

はじめに

四方田犬彦

アジアという言葉はいつ考案されたのだろうか。

紀元前六世紀後半にミレトスで作成された地図では、すでに全世界は多島海を挟んでヨーロッパとアジアに二分されていた。「ヨーロッパ」という言葉はゼウス神に誘惑され拉致された王女の名前に由来しているが、「アジア」の語源にはさまざまな説がある。人類に火をもたらした英雄プロメテウスの母親の名前だと説く者もいれば、リディア、すなわち現在のトルコ沿岸地域の諸都市の間を流れる河の名前だと説く者もいる。ともあれいずれにせよ、それはギリシャから海を隔てた巨大な陸の拡がりを指す女性名詞であった。ギリシャ神話の中心となるアポロンも、ディオニソスも、アルテミスも、このアジアから多島海をわたり、名前を変えてヨーロッパの神々となった。哲学もまたしかり。古代ギリシャ哲学の揺籃の地とは、他ならぬこのアジアのいくつかの港町であった。

ヘーゲルは古代ギリシャを人類の永遠の子供時代と呼んだが、実はアジアこそが起源においてヨーロッパの母親であったのである。

二六〇〇年の歳月が経過して、アジアの領域はますます拡大され、東の端の、もうひとつの多島の連なりにまで至っている。だがこの領域の全体は中学校の教室に張られた世界地図によって確認できることはあっても、いかなる言語学も、宗教学も、人種と文化の理論も、そのあまりに過剰な多様性を前に統合的な枠組みを設定することができない。そこには驚くばかりにさまざまな文字と言語があり、巨大な人口を擁する一神教と多神教、そして人類に最初の洗練された無神論である仏教が存在している。前近代の習俗と高度なテクノロジーが同居し、急速な民主化と一党独裁の体制が隣りあっている。加えてアジアが地理的な概念でなくなって、久しい時間が経過している。というのもパリでもいい、ロンドンやベルリンでもいい、ヨーロッパの大都市の中心部には巨大なアジア人のゾーンが形成され、その社会と文化の多元化に預かっているからだ。

アジアのもつこうした文化的、社会的、地理的複雑さに対し、ヨーロッパはこれまでいくつかの貧弱なステレオタイプの映像をもってしか対応することができなかった。神秘のアジア。停滞のアジア。野蛮と混迷のアジア。だがその実、アジアとヨーロッパとは相互補完的な概念であり、両者の間には古代の神々の委譲に始まり、近代の植民地化とその克服にいたるまで、マルクスの説く意味での〈交通〉がつねに頻繁になされてきたのである。そしてこの〈交通〉を視野に入れるかぎりにおいて、現在のアジアは従来のアジアの延長にありながらも、近代ヨーロッパの産物でもあるのだ。

二〇一〇年の暮れに福岡の地において、日本、韓国、香港、タイの芸術家と文化研究者が集まり、現代アジアの文化の現在をめぐる共同討議を行なった。映画から文学、美術と、論じられる対象は様々なジャンルに及んだ。それが北九州（北部九州）という場所においてなされたことを、わたしは奇貨としたいと思う。というのも古代からこの地は、東アジアの島嶼と大陸を結ぶ〈交通〉の要所拠点であったからだ。数多くの神々と人間が到来し、金印への刻印を通して文字が伝えられた場所。また近代において思想と行動の原理としてのアジアという真新しい観念を生きた者たちを、少なからず育んできた場所。福岡という地においてアジアを思考することは、東京を中心に「脱亜入欧」を唱えてきた日本の近代を批判的に検討することに通じている。

シンポジウムの企画に携わった者の一人としてわたしが期待していたのは、言語を異にしながらもここに集まり語り合った発言者が、土地の精霊（ゲニウス・ロキ）に知らずと導かれて討議の言葉を重ねていくことであった。それは同時に彼らが、同じ場所に集った多くの聴衆と、束の間ではあったが知的な文化共同体を現出させることにも通じていた。今ここに一本として纏められた記録を手がかりに、わたしはその事実を確認しておきたいと考えている。

I

東アジアに怪奇映画は咲き誇る

四方田犬彦

幽霊とお化けの違い

ご紹介にあずかりました四方田でございます。今回こうして福岡に呼んでいただいたことを非常にうれしく思っております。といいますのは、過去に福岡の依頼を一度も断ったことがありません。もう昔ですけれども、大学生時代に夢野久作というすごい小説家の全集を買って全巻読んだときに、これは九州大学医学部を舞台にした偉大な小説であるということがわかったんですが、その後、九州大学医学部の校舎が壊されるというので、慌ててカメラを持って市電に乗って、九大まで行って写真を撮ったという思い出があります。

その夢野久作の『近世快人伝』を通して、私は玄洋社の頭山満とか、その隣人であった杉山茂丸といった人たちの生涯を知ったりして、非常に強い関心を持っておりました。ですから、そういう文化的な、あるいは歴史的な非常に大きな蓄積のある場所にお招きいただくということを非常にうれしく思っております。

私は映画のほうでずっと勉強してきた者ですので、今日はアジアの、と言ってもアジアはトルコからイスラエルからずっと広いですから、その中でも東南アジアまで含めて、そちら側からこっちのことだけでの映画の問題を一番初めにお話しして、そしてそれからだんだん大きく、それぞれの民衆のメンタリティーとか、心の問題とか、それから映画と伝説とか神話の問題を、比較文化的な立場での話に移っていきたいと思っております。

今日は何本かＤＶＤを準備いたしました。これはみんな怪奇映画です。これをちょっと観ていただきます。先ほども私は通訳の方と相談をしていましたが、日本には「お化け」という言葉があります。あるいは「妖怪」といいます。これを英語にどういうふうに訳していいのか、非常に難しいわけです。

「ゴースト」というのがありますが、これは日本では「幽霊」に当たるものです。「ゴースト」というのは、特定の怨みを持った人が死んで、そして怨みを果たすために、ある人の前に出てくる、そういうものです。手っとり早くいうと『ハムレット』のお父さんとか、『マクベス』の王様とか、つまり、非業の死を遂げた人が現世に戻ってきて復讐をする。ですから、日本だと「四谷怪談」のお岩さんなんかはそうかもしれません。

しかし、日本では「幽霊」とは全く別に「お化け」というものがあります。例えば「河童」や「座敷童子《ざしきわらし》」です。こういうのは別に特定の個人のための怨みとかいうものではなくて、ただ森の中とか川のそばで大人しく楽しく暮らしている。人間とは違うけれども、自然の中にいる。こういうふうな存在のことを、ヨーロッパの言語でなかなかうまく説明ができないわけです。

韓国だと「トッケビ」という言葉があります。「トッケビ」という言葉は、やはり「お化け」に似ているると思います。あるいは日本でいう「物の怪」に近い。ですから日本の『もののけ姫』*というアニメですが、韓国をはじめ世界中で観られているのですけれども、英語ではこれを「プリンセス・モノノケ」という。「プリンセス・ゴースト」とは訳せないから。韓国ではお姫様のことを「コンジュ（公主）」というのですが、「トッケビ・コンジュ」という。そうすると、ぴたっと納まるわけです。「トッケビ」というと怖いだけではなく、可愛い、悪戯好きのお化けという感じがしてくる。そういう意味で日本の「お化け」と韓国の「トッケビ」というのは非常に近いところがある。

それがタイだと、「ピー」というのがあります。これにはいろんな広い意味があります。怖い場合もありますけれども、これは森の中の精霊であるとか、それから「ゴースト」の意味もあります。怨みを持って死んだ女の人の霊が出てくるとか、あるいは森の中にいる、あるいはいろんなお堂とか祠には「ピー」が住んでいるから、ないがしろにしてはいけないとタイ人はいう。森の大きな木の中には、必ずそういう精霊が住んでいるから、丁寧にお祈りしなければいけないと、タイ人は信じています。樹木の祠に小さな人形をいくつも並べて、祭壇を作ったりするのが、タイ人はとても好きです。

アジアの中ではそんなふうに、「トッケビ」とか、「お化け」とか「ピー」という言葉があって、何となく意思疎通ができるんですが、ヨーロッパの言語になると、もう「ゴースト」か「モンスター」しかない。でも、「もののけ姫」を「モンスター」と言ったら失礼だし、「ゴースト」でもない。そういうところで、やはり文化の中で人間でないものをどんなふうに言葉で置き換えて、自分たちの社会の中で受け入れていくかという姿勢が違うと思います。

「ゴースト」というのはともかく悪であり脅威であるから、退治しなければいけない、あるいは退散させなければいけない。必ずこれは軍隊とか化学兵器でやっつけて、国から追い出さなければいけない。「お化け」というのはそうではない。「お化けがいたから殺せ」というわけではない。そもそも「お化け」は殺すことなんてできません。つまり、「河童」だったら、「河童」がいる沼や池をそっとしておいてあげようとか、キュウリを持ってお供えして、お相撲の相手をしてあげようとか、そういうふうになるわけですね。「ゴースト」に対する姿勢と全然違います。

タイでもやはり小さな祠とかにお供え物がいっぱいあります。それはそこに住んでいる精霊がいるから、そっとしておいてあげようということです。ですから、「トッケビ」「お化け」「ピー」といった言葉で言われている〈人間ではないもの〉を通して、アジアの世界観、あるいは人生観、もっと大げさにいうと宇宙観とか、そういったものを考えてみよう。それはアジアの思考がヨーロッパやアメリカのそれとは違うということを考える契機になるのではないだろうか。私はそう睨んでいます。

怪奇映画の研究十年

私は映画の研究家ですから、「お化け」が映画にどんなふうに出てくるかということを考えております。二〇〇〇年ぐらいから怪奇映画、あるいはホラー映画というのに焦点を絞り、ずっと研究してまいりました。それまで私が専門にやっていたのは、クンフー（功夫）です。ブルース・リー（李小龍）の伝記を一冊書きまして、それで心のつかえがおりましたので、その次はお化けだと。

それでまずバンコクに行き、一九三〇年代からの代表的なお化け映画をずっと観せてもらいました。それからインドネシアのジャカルタの映画博物館に行って、とにかくあるものみんな観せてくれと言いました。すると映画博物館の館長から「それはいいけど、毎日そんなにお化け映画観て怖くないのか」と言われた。その後、マレーシアにも行きましたが、どこに行っても観光なんか全然しないで、ひたすら映画博物館の中で、ここにある映画を一番怖い順番に観せてくれ、みたいなことを言ったのです。

香港ですと、前々から「彊屍（キョンシー）」を始め、日本にもたくさんの怪奇映画が来ていますから、大体知っているわけですね。韓国はすごい映画大国ですから、これからまた考えなければいけない。それと日本。日本はやはり歌舞伎の昔から、とにかくお化け大国ですね。新しいところでは『ゲゲゲの鬼太郎』[*]。このことは後でお話をしますが、バンコクに行きますと、『ゲゲゲの鬼太郎』の映画をちゃんと上映しています。それから水木先生の漫画も翻訳が出ています。インドネシアでも出ています。つまり欧米人の好きな小津とかの作品など上映しないくせに、『ゲゲゲの鬼太郎』はみんな観ている。『リング』[*]とか『呪怨』[*]とかは、みんな東南アジアの映画ファンは観ています。この現象は重要です。

でも怪奇映画というと、みんな馬鹿にするんですね。クンフー映画と怪奇映画というのは、馬鹿にされる映画の代表なわけです。何か変、そんなものが好きなのとか、大学でそんな勉強しているのかい？　と言われるんですが、実はそういうふうな娯楽映画の中にこそ、その国の社会の民衆文化とか普通の民衆の心、そういったものが一番表されているのではないか。その国の宗教とか民俗文化とか、そういったものはお化けとかトッケビの中に、実は一番出ているのではないかというのが、私のねらい目なのです。そこから解いていくと、いろんなことがわかります。

韓国にも、タイにも、香港にも、とても洗練された芸術的な映画監督がたくさんいます。国際的にカンヌ映画祭で賞をとったとか、それなら日本だっています。でも、それは本当に世界中の欧米人が観るような、インテリのための高級映画なわけですが、どこまでも芸術家がつくった映画です。

しかし芸術家のA級フィルムではなく、普通に夏だからひとつ納涼のお化け映画をつくろうとか、前につくったアレが当たったたから、あのつくり直しをやろうとか、そういうふうにしてつくって大ヒットしてしまうようなフィルムのほうに、実は私は今、力点を置いております。

ということで、この一〇年間、怪奇映画の研究をやっておりまして、白水社からついに『怪奇映画天国アジア』という本を出してしまいました。この怪奇映画について、まじめに研究した人はほとんどいないのですが、私はやはり、それはフォークロア、民俗学とか人類学、あるいは宗教学など、いろんな知の領域が交差点で映画と出会う、そういう重要なところではないかと睨んでおります。

比較のための三つの水準

さて、これから怪奇映画、あるいは恐怖映画の話をいたします。それからその次はタイと日本の映画の比較をしてみようと思いますが、そこには三つの段階があるということをお話ししたいと思います。

最初の場合とは、映画と関係なく物語が似ているものです。何で似ているのかわからないけれど、そっくりな話が中国と日本にあったり、韓国と日本にあったり、あるいはタイと日本にあったりする。それも映画の発明以前から国民の誰もが知っている話で、それを「日本にこういう話があってね」と言うと、タイの人が「えっ、そっくりの話がうちにもあるよ」と言う。そういう次元の話をまず最初にします。

二番目に、今、グローバリゼーションという言葉が言われていますが、世界中の情報がどんどんものすごいスピードで行き交っている。ですから、今ここで私がしゃべったことを、どなたかがインターネットで英語とかで書くと、それを世界中で同時にパーッと見られてしまい、アフリカでも、アメリカでも、昨日、四方田が何をしゃべったというのが明らかになってしまう。そういうふうに世界中に情報がパッと伝わるという、そのグローバリゼーションの時代において、アジアの映画はお互いに恐ろしい速度のもとに強く影響を受けあっている。

例えば、日本の宮崎駿のアニメはあっという間にアジアのほぼ全域で観られてしまう。それから現在の韓国映画の七割は日本でも公開されています。テレビはもっとすごい。あるいはタイのアクション映画とかいろんなものが来ているわけです。今まで、一九九〇年代ぐらいまではなかなか来なかった。日本にタイ映画も韓国映画も来なかった。韓国へも日本映画は行かなかった。それが九〇年代からどんどんどんどん来るわけです。お互いみんなが見つめあっている。お互いにアジア映画の影響を受け合っている。そういう現象について、二番目にお話ししたいと思います。

三番目は、もう少し狭い意味で、一人の芸術家が、つまり韓国とか、日本とか、それからタイランドという違いを超えて、一人の芸術家が芸術作品を創造するときに、ある社会が持っている死生観とか人生観とかを、どのように芸術作品の中に描きこむことになるかという例をお話ししたいと思います。

取り上げるのは、今年、二〇一〇年にカンヌ映画祭でグランプリを取りましたタイのアピチャッポン・ウィーラセータクンという人です。この人の作品がタイ映画で最初にグランプリを獲得した。その人の映画のつくり方、映画の考え方というものと、それから日本では先ほど申しました水木しげるとを比較できないだろうか。水木さんはこのところNHKの連ドラで有名になったのですが、でもそれとは別に水木しげるという人のものの考え方、人生に対する考え方、社会に対する考え方、そういったものをちょっとタイの監督と比較してみます。以上のようにして、三つの水準においてアジアのそれぞれのフィルムの類似という問題を考えてみたい。

最初は、映画以前に物語とか伝説とか、いろんなところで似ているという場合です。それが映画化された場合。二番目はグローバリゼーションの中でお互いが情報を交換し合って似てきた場合。三番目は少し次元が違いますが、芸術家が自分の信じるところ、影響とか全然関係なく、アジアの文化の中で別々につくっているものが非常に近いものを持ってきた。この三番目の段階が、実はアジアの映画、あるいはアジアの芸術のある種の哲学性の独自な表象であることに結びつくのではないかと、私は思っています。この三つの水準について、ここにいろいろ映像を持ってきましたので、観ていただきたい。

一神教の国に怪奇映画はない

まず、この怪奇映画全般について簡単にお話ししましょう。怪奇映画とか恐怖映画というのは、ものすごく盛んな国と全くない国とに、はっきりと分かれます。例えばタイ、インドネシア、香港、日本、それから韓国はいろんな映画を撮っていて、かならずしも怪奇だけではありませんが、そういった国々では恐怖映画とか怪奇映画というのはつねに確固としたジャンルとして存在しています。日本でも夏休みは歌舞伎座でやはりお化け物をやるように、同時に怪奇映画をやるというのが昔から約束事でした。

そんなふうに定番メニューとしての怪奇物、あるいは国民がみんな老若男女を問わず知っている話がありますね。日本だと「四谷怪談」は、みんなが知っているわけです。韓国だと「アラン」*というのがそうじゃないですかね。妹と姉が二人ともお化けになってしまう怖い話、韓国人で知らない人はいない。タイの「メーナーク・プラカノン」というのは、これはもう二十何回、映画になって、現代音楽のオペラになって、それから連続テレビドラマになって……これを知らなければタイ人じゃないというほど、みんなが知っている。

そういうふうに誰もが知っていて、何回ともなく映画化がなされ、これをやれば絶対当たるという「国民的お化け映画」というのがある国があります。カンボジアというのは戦争と虐殺でひどい目に遭った国で、なかなか映画産業が復興しなかったのですが、七、八年前に初めて普通の映画をもう一度つくり直しました。それが何とまあ「蛇女」だったのです。つまり戦争が終わったから、みんなで頑張ろうなんてまじめなフィルムではなくて「蛇女」。「蛇女」は六〇年代のカンボジアで大ヒットしたシリーズ物だったのですね。ですからまた映画スタジオが再開して、何か当たるものはないだろうか、観客が観たいものといえば、それはやはり「蛇女」だということになった。

マレーシアにもやはり「ポンティアナック」といって、ずっと昔からやっているマレー民族に特有の怖い映画があって、それを数年前にハシャイミ・バーバという女性監督がつくり直しました。十何本目ですけどね、そういうことをやっています。

ところで国民的な映画には必ず前提として大衆演劇というものがあるものです。日本だと歌舞伎、あるいは浄瑠璃があった。韓国はやはり李朝時代にパンソリとか、人形劇とか、いろんなものかあって、それを享受する庶民層の観客がいた。物語、メロドラマもあった。それは、タイでも「リケイ」という芝居があった。インドネシアだと「ワヤンクリット」とか、そういうものがあった。そういうふうにして映画というものが、アジアですごく強い国と全然だめな国があって、その違いを決定づけているものは何かというと、映画の前に民衆の中に大衆演劇があったかどうかという問題なのです。中国あるいは香港だと「北京オペラ」、あるいは「広東オペラ」、また雑技のようなものが豊富にあったから、ブルース・リー（李小龍）とかジャッキー・チェン（成龍）が出てこれたわけです。映画は映画だけで出てくるわけではありません。必ずその背後に文化的な伝統があります。それがある国はやはり優れた映画をつくります。

仏教とイスラム教という違い、あるいはマルクス主義の社会体制、共産主義ですか、そういったもののことも考えなければいけない。というのは、アジアは驚くべきいろんな国に分かれています。ヨーロッパはむしろキリスト教であったり、アルファベットであったり、比較的単純ですが、アジアは国ごとに言葉も文字も宗教も社会体制も違う。だから「アジア」と一言で言えない。アジアはつねに千のアジアなのです。ヨーロッパは単純にEUとか、ひとまとめに言っておけばいいんですが、アジアはもっと複雑です。そのアジアの中で、例えばタイと日本とか、そういうところは仏教。それでは仏教の国の怪奇映画と、それからイスラムの国、インドネシアとかマレーシア、そういったところの怪奇映画はどう違うのか。

不思議なことに怪奇映画が全く存在しない国があります。それは基本的にイスラムの国です。例えばエジプト。エジプトでは日本と同じぐらい、映画が長い歴史を持っています。しかしもっぱら『椿姫』とか、フランスのメロドラマの翻訳と、それからカイロの庶民の生活とか、そういう映画はあっても、ジャンルとしての怪奇映画はないのです。

　ないのはどうしてかといえば、それは唯一の神様であるアラーがこの天下を支配している。そういうところにそんな悪気邪霊があってはいけない、あるはずがないから、そういうものを観たいと思うだけでも間違っている。だから原則として怪奇映画はない。撮られていないんです。

　ではイランはどうか。イランは怪奇映画こそないのですが、奇跡の映画というのはたくさんつくられています。つまり、交通事故でみんな死んでしまった家族を結婚式に招かなかったと言ったら、最後にみんなが生き返って結婚式に出てきて「よかった！」というような話です。アラーのおかげで奇跡が起きたという奇跡映画を、私はテヘランで何本も観たことがあります。それは日本に入ってくるキアロスタミ*みたいなハイクラスの映画ではなくて、下町の庶民の観る映画ですね。奇跡の映画というのはある。なのに怪奇映画はない。

　だから、基本的にイスラムの国では怪奇映画というのはないものだとお考えくださってけっこうです。しかし例外があって、ムスリムの癖をしているのにマレーシアとインドネシア人だけは怪奇映画が大好きなんです。それはなぜというと、歴史的にイスラムが到来する前に、そこの人たちは地元にローカルな信仰、アミニズムとか、シャーマニズムとか、あるいはヒンドゥイズムとか、そういったものの信仰を確固と所有していて、実はそこにはたくさんの神様がいたわけですね。

日本もそうです。仏教が入ってくる前に神道というものがちゃんとありました。現実の日本社会はそれをミックスしているわけですが、マレーシアとインドネシアは、元々そこのいろんな部族にいろんな神様がいて、そこに超越的な単一神であるアラーがやってきた。だから二段構造になっている。元々いたたくさんの神様が神様でなくなってしまった。つまり、アラーがやってきたら、ランク落ちして妖怪とか、お化けになってしまった。

ですからこの二国では、森の中の妖精とかお化けを主人公にしたフィルムがいっぱいあります。これは逆にいえば、それはインドネシアとマレーシアが、イスラム国家の中でも非常に複雑な文化を持っているという意味でもあります。でも基本的に他のイスラムの国では怪奇映画はなかなかできない。

もう一つ、怪奇映画ができない国があります。それはどこか、わかりますか。今、世界中にいくつ残っているかわかりませんが、社会主義国家です。つまり、中国の共産党政権の下では怪奇映画はありません。道教の寺院を「民族文化博物館」と呼称する偽善に満ちた国家体制のことですから。

もちろん国民党時代の上海では自由につくっていましたよ。戦争前の上海では、「オペラ座の怪人」を、劇場の屋根裏に住む怪人が辛亥革命に参加するなんていう、『夜半叫声』というフィルムまであります。しかし「そういうものは人民を惑わす悪い作品である」ということで、毛沢東の時代以降はすべて禁止になりました。唯一、一九八〇年代の終りに呉子牛の『陰陽界』のように、怪奇映画みたいな仕掛けのフィルムを観たことがあるのですけれども、出てくるお化けはみんな国民党の悪い兵隊がつくったトリックだった。はい、おしまいと、そういうフィルムでした。

もう一つ、怪奇映画禁止の国が北朝鮮です。ここでも忍者映画や怪獣映画は日本のまねをして制作しても、怪奇映画というのはあってはいけない。ですから共産主義の国とイスラムの国、つまり両方とも一神教の国です。一神教であって文化の多様性というものを認めない国の中では怪奇映画はできないということです。

それに対して、例えばタイとか、韓国とか、日本というのは一神教ではなくて、たくさんの神様がいる。そういうときには、その神様がお化けと言われたりする。そういうふうな社会構造、文化構造の中では怪奇映画というのを人々は存分に楽しんでいるわけです。

共産主義というのは、まあ私に言わせれば一つの妖怪ですね。巨大なゴーストです。マルクス自体が『共産主義宣言』の中で「ヨーロッパに巨大な妖怪 Gespenst が歩いている。その名前は共産主義」と言っていますね。そういうふうに共産党宣言は始まっているのですけれども、その巨大な妖怪がいたら、ほかの小さなお化けはみんな逃げてしまう。それがやはりそういう国家体制のもとでは怪奇映画が撮られない理由です。逆にいえば、私は芸術の自由というのは、お化け映画を自由に撮れることではないかとさえ思っております。

『雨月物語』とその仲間たち

さて、ここまでお話ししましたが、これから先ほどお話した三段階にわたたって実際の怪奇映画を見ていただくことにしましょう。東アジアにおけるいろんな怪奇物語のなかで非常に共通するものがあるという例を見ていただきます。

まず最初に、映画以前から存在している怪奇物語の類似。これは映画の前に文学とか、伝説とか、そういったところで、すごく似ているということです。例えばこういうお話を申し上げたら、皆さんはどう思われますか。夫が戦争に行って長い間帰ってこなかった。妻は子どもを一生懸命育てて、子どもと一緒に待っていたけれども、夫は何年たっても帰ってこない。しかし、戦争が終わって夫が夜の夜中に帰ってきた。ちゃんと妻が待っていて、「ああ、お帰りなさい。鍋物があるから今から一緒に食べましょう。この子もちゃんと元気でいました」と。

それで「ああ、よかった。待っていてくれたのだね。ありがとう」。ところが実はその妻は人間ではなく、幽霊だった。そしてなぜ妻はその幽霊になったかというと、戦争のときに他の国の兵隊がやってきて、殺してしまったんですね。それでもこの赤ちゃんを助けるために、自分は幽霊になっても子どもを育て続けるというので、ずっと夫の帰りを待っていた。

これは江戸時代の『雨月物語』という、上田秋成が一七七六年に書いた小説集にある、「浅茅が宿」という短編小説です。溝口健二や小林正樹が映画にしたおかげで、いろんなところで知られている話です。皆さんもこの話は知っていると思います。もちろんこれは戦国時代の日本のお話です。ところが、私は二〇〇〇年にタイで観たフィルムにびっくりしたわけです。ほとんど同じストーリーの映画が大ヒットしていた。それはノンスィー・ニミブットが監督した『ナンナーク』*でした。題名の意味はナーク夫人、ナークの奥様ということです。どういう話かというと、一九世紀の中ごろ、偉大なる王様が臨終を迎えている時代にタイに戦争があって、新婚直後の夫が徴兵されて出ていった。大怪我をして寺院で介抱され、短くない歳月が経過したのちに家に帰ってみると、妻がちゃんと子どもを育てている。ああ、よかったということで、三人で平和に暮らしているけれども、村人が「あんたのところの奥さんは本当は死んでるんだよ」と言う。夫は「うちの家内を馬鹿にしないでくれ」と、つい言い合いになってしまう。

でも、ある時に妻が幽霊であるということがわかった。床下に落ちたレモンを取ろうとして、彼女の手がついニョロニョロと何メートルも伸びてレモンを掴んだのを、夫は偶然に見てしまったのだ。どうしよう。ただちに夫は村のお寺に避難して、和尚さんに助けを求める。妻のほうは「私が幽霊だと知ってよくも逃げ出したな。かくなる上はこの村に洪水を起こしてやる」と宣言。文字通り大変なことが起こる。村じゅうが地震になったり、火が燃えたり、洪水になったりする。

そこで最後にバンコクの大きな寺の大僧正が招かれてきて、「お前さんはもう死んだ人間なんだから、生きている人間の世界に来てはいけないよ。死者の世界に戻りなさい。赤ちゃんは私たちで育てるから。それから夫はこれからも生きた人間の世界に生きなければいけないのだから」と説教をする。ナンナークの幽霊は泣く泣く死の世界に戻っていく。残された夫は子どもを育てながら、これ以上に仏教の信心を篤くし、皆さんが知っているあの有名なお坊さんになりました。これは本当の話ですよ、という話なのです。

このフィルムを観て私はとても深く感激しました。メロドラマとしても、ホラー映画としても感激したと同時に、何だ、これは溝口の『雨月物語』*とほとんど同じ物語じゃないかとも思った。でもバンコクで何か新しい映画運動が起きているという直感に導かれて、ノンスィー監督に会いにバンコクに行ったのです。そうしたら、溝口（というより上田秋成かな?）との類似は偶然の一致だったと判明したのです。というのも、タイ人はこの話を本当に一九世紀に起こった話だと信じていて、そのナンナークが埋められているお墓まであるんです。バンコクのはずれ、プラカノン運河の脇にある、そのワットマハブッドという寺院の端っこに設けられた、お墓にまで行ってきました。いい論文が書けますようにとお参りして、おかげさまで書けました（笑）。

ナンナークの祠では彼女は安産の神様ということになっていましたね。この人は赤ちゃんを生んで、お産が悪くて死んでしまった。しかし幽霊になってもわが子を何とか育てたいというので、幽霊になって育てあげながら夫を待ち続けた。こういう話はヨーロッパにはないのですよ。でもタイと日本にはある。

それから幽霊であると発覚してしまうと怒りを発し、村に洪水を起こすというのは、これは中国にある有名な白蛇伝説です。日本でも李香蘭と池部良の主演で『白夫人の妖恋』というフィルムになったり、東映動画でアニメにまでなっています。『千と千尋の神隠し』に白蛇が脇役として登場するのは、監督の宮崎駿がこのアニメに敬意を払っての処置です。だから『ナンナーク』は日本でも親しい異界婚姻譚にも似ている。そしてタイの人は「これは本当にあった話で、お墓もあります」と言う。今までタイではこの映画は一九三〇年代からこの方、二〇何本撮られているのです。

日本にもあるし、中国にもあるし、タイにもある共通の民衆的な物語。おそらくこれはインドの

「ジャータカ」、つまり、お釈迦様が生まれるまでの生涯を綴った前生譚を集めた本にでもあったものが、仏教と一緒にアジア全域に伝わって、いろいろ名前も変わって伝わったのではないか。私はそう睨んでいるのですが、それはなかなか証明ができないです。南方熊楠的な博覧強記がないとまずその作業は難しいでしょう。しかしその同じ一つの話にさまざまなバリエーションがあって、アジア人の多くが共有している。これはやはり素晴らしいことだと思います。

「雨月物語」（写真提供　角川書店）

ここで準備してきたＤＶＤを観てください。一番最初に、溝口健二監督が一九五三年に撮って、ヴェネツィア国際映画祭でグランプリを取った『雨月物語』の最後のところを観てもらいます。一介の陶工にすぎなかった森雅之が、侍になりたい一心で故郷の妻を捨て、何年も後に戦争から帰ってくる。すると奥さんの田中絹代が待っているという場面です。〔映写〕

皆さん、お気づきになったでしょうか。もうこの場面だけで、田中絹代演じる宮木なる女性が幽霊だということがわかったでしょうか。

最初は何もない部屋、うす暗い部屋で誰もいませんでしたね。それで森雅之が部屋に入り、ずらっと一回りして、また外に出て行く。カメラがそれをずっと追跡する。するといつのまにかスッと宮木が現れた。これは人間の現れ方ではない。しかも囲炉裏に煮え立った鍋物をちゃんと準備している。こんなこと人間にはできませんよね。何らかの超自然の魔術が働いているとしか理解しようがない。撮影する側も大変だったと思いますよ。カメラが脇を写している間に大急ぎで鍋物の準備をし、「さあ、田中さん、早く出てきてください」とか言ってやったのかわかりませんけれども、ぱっと出てきたことで、でも人間ではないということがはっきりわかります。

はっきりいって、これは溝口健二の最高傑作です。ヴェネツィア映画祭で彼は三年間連続、賞を取りました。二年連続でも今では大スキャンダルとなるでしょうし、そんなことはあり得ないけれど、それを三年連続で栄光に耀いた。イタリアと同じく戦争直後のぼろぼろになった日本という国から映画を持ってきた人がですよ。この三年という記録は、これはもう世界映画史において溝口だけなのですね。今でも溝口はイタリアの監督だと、イタリア人は言っています。

まあそれは別にして、とにかく今度は二〇〇〇年に、ノンスィー・ニミブットという、タイの一番新しい映画監督がとった『ナンナーク』。これはさっき言いました「メーナーク・プラカノン」の新しいヴァージョンで、『ナークの奥様』という題名です。そのナーク夫人が夫に自分がお化けだということがばれてしまって、怒って村じゅうに大洪水を起こす。それで夫は村のお寺に行って、和尚さんに「助けてくれ」と言う。それに対して奥さんは呪ってやるぞと怒る。怪しげな魔術師とか小坊主とか、いろんな人が呪文を唱えて夫を助けようとするんだけれど、奥さんの怒りは燃え盛るばかり。そこを観ていただきます。〔映写〕

今の場面でナークは夫を引き離したのはお寺だというので怒って、お寺に復讐をしようとする。彼女は天井から逆さまに立っている。これはジェンダーの観点からすると非常におもしろいことですね。

タイ仏教は基本的には男性中心主義です。お坊さんは男であって、女に絶対触れてはいけない。それに対してマークとナークは夫婦である。しかもナークさんは自分は死んでもいいから自分の子どもを育てたい。そして夫に会いたい。幽霊になっても自分の家族を守りたいという女性です。この女性と家族の論理に対して仏教の側はどこまでも保守的な秩序と世界観を譲らず、男性中心であり続ける。「死んだ人間は死んだ人間、生きた人間は生きた人間」という二分法を崩そうとしない。ナークはそういう仏教の原理を根源から否定しようとする力です。逆さまに立つということは箇所を転覆させる身振りであり、世界を逆さまにしようというのですね。そういうことをやる。

結局、この田舎のお寺にいる程度のお坊さんの力ではナークを退治することはできない。そこでバンコクから、国家権力の傍らにあって宗教的権力の中枢にあるものすごく偉いお坊さんがやってきて、ナークに引導を渡す、というふうになるんです。それは偶然にも、夫が戦場にて大怪我をしたとき、看護を受けた大寺院の大僧正でもあります。つまりここでは世俗の権力と宗教的権力がともに男性的形態をとりながら、か弱い幽霊にすぎない母親と子供を世界から排除しようとしている。

日本ですと、例えば「牡丹灯籠」なんかは同じ構図です。それから『雨月物語』でも、もっとほかの「吉備津の釜」とか「蛇性の淫」とか、そういった話でも、やはり妖怪悪蛇の女に祟られた男が偉いお坊さんや道士のところに駆け込んで助けてもらう。お坊さんが女性形の妖怪をやっつけるという図式です。この点においてタイと日本はまさしく共通している。最初に言いましたように、女のほうが、自分は死んでも自分の家族を守るために、幽霊になっても生き続けるということでも共通しているし、お坊さんが夫婦の仲を引き裂き、女性を犠牲にして追放することで世界を平和に戻すというところも共通している。

これは一体何なのか。インドネシアでも似たような話がありますが、インドネシアの場合には仏教ではありません。ムスリムですから特定の聖職者はいません。その代わり、ハジがいます。ハジというのはメッカに行ったことのある人のことです。ご存知のように、イスラム教徒は必ず人生の間に一度はメッカに行かなければいけない。メッカに行って帰ってきて徳を積んだ人は、ハジと呼ばれて尊敬される。若いころに一生懸命お金を貯めて、大抵おじいさんになって行くわけですね。とにかくイスラム教徒は一生お金を貯めて、何とかメッカに行き、最終的な通過儀礼を終えたところでハジと言われる。そうなるとミスター・モハマドではなくて、ハジ・モハマドと言わなければいけない。

インドネシアの怪奇映画では、そのハジのおじいさんが最後に出てきて、妖怪に向かって、タイのお坊さんと同じことをやる。物語の構造は同じです。

今、こうやって二つのフィルム、日本の溝口とノンスィーとを観ていただきましたが、そもそもこの二本の類似が、私のこの一〇年にわたる研究の始まりだったわけです。どうしてこの二本が物語として共通なのかということです。私はバンコクでノンスィー監督に尋ねたのです。「溝口の雨月は」と言ったら、「いや、観てない」と言うんですね。溝口さんだってもちろんタイのことなど知らなかったと思う。でも、東アジアの仏教圏の中にいる限り、いろんな伝説とか、伝承とか、いろんなものの中でこういう話は伝わったということですね。そこに非常に似たものがあるということがとても重要です。映画以前の民衆文化の中に、仏教を通してこうした物語がずっと伝わってきた。タイとか中国とか日本という民族や言語に関わりなく、大きな枠組みのなかの文化の中で伝わってきた。皆さんはグローバリゼーションというとアメリカ経由の英語とインターネット中心の世界的趨勢という風に、現在の現象だとお考えになるかもしれませんが、そもそも世界で最初のグローバリゼーションは紀元前六世紀から五世紀の仏教の成立によって、アジア全域にもたらされたものだったのです。ナン・ナークの物語の遍在性はこのグローバリゼーションの二五〇〇年後の結果のひとつにすぎません。このことを、まず第一水準の類似と考えておきたいと思います。

影響はただちに全世界に

次に私が第二水準の問題としてお話ししたいのは、一九九〇年以後の、先ほど言いました最新のグローバリゼーション、つまり全世界の情報が一瞬のうちに伝わってしまうという時代に特有の現象です。今では日本は韓国の一番新しい映画のほぼ六割を観ることができますし、ジャカルタ芸術大学の学生は日本の個人映画作家がつくったフィルムが観られるのですね。そしてタイでは『ゲゲゲの鬼太郎』がどんどん公開されている。同時にタイで大ヒットした恐怖映画のプロットを、アメリカのハリウッドがものすごく高いお金を払ってその権利を買う。同じ物語を、今度はアメリカ人を主人公に撮らせてくださいと言って権利を買い、その監督を日本人に任せたりする。日本の『リング』というフィルムも、本来は主人公は日本人だけれども、アメリカ人に変えたらちゃんとハリウッドでも出せますからとか言って、お金を出して権利を買う。最近、ハリウッドは「忠犬ハチ公」の物語を映画化しましたね。舞台をボストンあたりにして、リチャード・ギア主演で『ハチ』という名前で公開しています。いいのかな、こんなことでと思いますけれども、ハリウッドにとって日本を含む東アジアは巨大な市場なのです。

ハリウッドが買ったから偉いというわけでは全然ありません。しかし全世界がそういうふうなすごい話題作のフィルムをぱっと観られるという世界構造が実現されてしまっている。日本では『学校の怪談』や『トイレの花子さん』あたりから「Jホラー」というのが一九九〇年代から二〇〇〇年代に随分つくられたのですが、そういったものはあっという間に世界中に広まっている。

今から代表的なJホラー、ジャパニーズ・ホラーの一つで、中田秀夫のつくった『リング』という作品を観てもらいます。これはすごく怖い話です。謎のヴィデオカセットがある。それを見ると、必ず見た人間は死んでしまう。それを避けるためには、ほかの人にそのヴィデオを見せなければいけない。そのことを全然知らないで、主人公のお母さんがそのカセットを偶然に見てしまう。そのカセットには実は大正時代、一九二〇年代の日本のアカデミズムで大きな話題になったスピリチュアリズム（心霊実験）の様子がちゃんと出ていて、その渦中にあって汚名を着せられたまま死んだ貞子という女の幽霊がちゃんと写っている。その貞子を見てしまうというところを、皆さんに見てもらいます。といっても皆さんはこのフィルムを見ても大丈夫です。現に僕もまだ生きていますか

ら（笑）。〔映写〕

最後に井戸が出てきましたね。あの井戸のところでヴィデオを切ったから、この主人公の女の人は助かるのですけれども、この後、別の人があの後の続きを見てしまう。そこでは井戸から髪の毛の長い貞子というお化けが出てきて、テレビの画面から外に這い出てくる。それを観ている人を食べてしまうという、そういう場面があるのです。

この『リング』は、日本で撮られた直後、世界で一番怖い映画という評が出て、すぐに韓国が韓国ヴァージョンをつくりました。ハリウッドでも映画になりました。全世界で上映しています。とにかく今は日本映画というのは怖くて一番ということになっている。

ところでこれから観ていただくのは、二〇〇七年にバンコクで制作された『ナーク』というアニメです。これはタイのバンコクです。先ほど『ナンナーク』という映画を観ていただきましたが、あれのアニメヴァージョンです。「ナンナーク」は二十何本つくられていて、ついにアニメ版が出てしまった。もちろんグローバリゼーションの時代ですから、宮崎駿や押井守とかからいろんな影響を受けて制作されたアニメです。

どんな話かというと、妖怪たちやお化けたちが人間たちと一緒に仲よく過ごしている国がある。そこでナークというお姉さんというか、お母さんがいて、その友だちはお化けだったり人間だったりする。お祭りの日、みんなで広場に行くと、不思議な見世物小屋のなかで映画を上映している（タイではよくお寺の境内や町の広場で屋外上映が行なわれるのです）。そのフィルムが実はさっきの日本の『リング』なのですね。そこで貞子が画面の外に出てきて少年を誘拐してしまい、大変なことが起こってしまうという場面を観てもらいます。これはとてもいい作品なので、日本でも公開すればいいと思うのですけれど。〔映写〕

ちょっと注釈をしますと、日本では昔から活動弁士というのがありました。つまり、外国の映画とか、日本の音がない映画の台詞を説明したりする。タイでは今でもそういうことをやっています。画面のなかで二人の男女が一生懸命しゃべっていましたね。あれはそういう活動弁士なのです。タイ映画史を簡単に説明します。一九〇〇年代に映画というものをバンコクに持ってきて、マレーシアからシンガポールまでずっと巡業したのは日本人でした。そのときに活動弁士が付いてきて、観客たちは映画とは弁士と一緒に観るものだというのが決まってしまったわけです。このことはアジア映画史においてすごく重要なことだと思います。タイでは活動弁士が今でもお祭りの日にやっている。

あるとき日本の『リング』という映画がヒットして、タイの人の間でも、子どもたちまでみんな観ているという現象が生じる。何年か後にタイのアニメーションでパッと出てくる。あるいは逆に、タイの『シャッター』（『心霊写真』*）という恐怖映画が、すぐにハリウッドを経由して日本に到着したり、『アイ』*という、さらに怖い映画の英語ヴァージョンが全世界配給されてしまう。こんなふうにどんどん世界中の距離が近づいていって、バンコクで発信したフィルムがすぐに東京で見られたり、韓国のフィルムがすぐに東京で見られたり、あるいはその逆であったりする。そういうグローバリゼーションの中で、お互い似たようなものとか、お互いにあっちのほうに目配せをして、これは知っててつくっているんだぞというふうなパロディーとか、カバーバージョンとかいうものが出てくるという現象があります。これがアジア映画の類似における第二水準だと思います。

通底する哲学的思惟

最後に第三水準のことを考えたいと思います。これは第一水準の、映画以前の民俗学的なフォークロアの世界とか、第二水準の現在の映画におけるグローバリゼーションの問題などとはまったく違って、より高い次元の問題です。つまりアジアに住んでいる芸術家が自分の世界観、あるいは死生観を、映画なり文学、漫画、音楽、いろんなものを媒介として表現するときに、そこに図らずもきわめて近いものが偶然出てくるときがある。近いというだけではなく、何か共通する深い哲学的な思惟が横たわっている。この事実について、最後に簡単にお話ししたいと思います。

今から取り上げるのは、アピチャッポン・ウィーラセータクンという人と水木しげるです。ただ、アピチャッポンの作品は今年のカンヌ映画祭でグランプリに耀きまして、今、世界のトップレベルというか、一番新しい、一番すごい映画として喧伝されているわけです。邦題は『ブンミおじさんの森』という題名の作品で、つい先ほど東京フィルメックスで公開されて、監督本人もやってきました。配給会社の方に話を聞いてみますと、来年の春に福岡でも上映いたします。宣伝というわけではありませんが、福岡のソラリアシネマというところで公開します。

『ブンミおじさんの森』について簡単に説明しますと、これはタイとラオスの国境の辺に近いコーンケーンという町のずっと外れの話です。昼間も暗いジャングルがどこまでも続くあたりですが、そのジャングルの中にぽつぽつと村があって、そこにブンミおじさんという人が住んでいる。おじさんは一人で住んでいるんですが、もう年をとっていて、もうすぐ自分が死ぬということがわかる。自分のこれまでの前世のこともわかる。そこで自分の畑や家のことを任せたいからといって、自分の甥っ子をバンコクから呼んできて、それで一緒にご飯を食べている。ご飯を食べていると言っても森の中の一軒家で、虫の声とかが聞こえている真っ暗なところで、ランプを点して食べている。するとおじさんのずっと前に死んだはずの奥さんが幽霊になってフラッとやってきて、食卓に就く。「あんた、もうすぐうちの世界に来るんだって」といって。「ちょうどご飯つくったから一緒に食べない？」とおじさんはいいながら、給仕をする。奥さんはお化けになっているんだけど、ここへ来て一緒に食べる。奥さんが何十年ぶりにお化けになって帰ってきても、ブンミおじさんは全然驚かない。

そうかと思うと、今度は森の中からガサガサ音がして、全身真黒い毛に覆われた巨大な猿がやって来る。猿は実はブンミおじさんの息子なんです。子どものころに森の中に入って行方不明になっていた息子で、それが十何年もたって猿になって戻ってきた。「おお、久しぶりだな、息子」「ガアガアガアガア」なんて言っている。「これで久しぶりに家族が会った」と言って、お化けと猿とブンミおじさん、甥っ子がみんなで何ごともなくご飯を食べる。

「ブンミおじさんの森」チラシ

つまりこのフィルムの中では人間

の生きている、死んでいるの区別は関係ないのです。それから動物と人間の境界もない。「お前、こんなに毛が生えていたら大変だろう」「うん、そうなんだよ」とか猿が言う。これはヨーロッパのキリスト教のように、動物には霊魂などない、人間だけが霊魂をもつという考え方とは、全く違う世界観です。

仏教には本来的にあらゆる生命は循環するという輪廻の思想というのがありますね。我々の子どものときに、お寺でそんなことを言われてきました。悪いことをやると地獄に落ちて、それから虫や動物や餓鬼に生まれ変わって……という話です。『ブンミおじさんの森』はそういう世界観の中から自然につくり出されたフィルムなのです。フランスのカンヌ映画祭で審査員たちが一様に、すごい、すごいと言ったけれども、日本人だったら何も構えることはない。とてもわかりやすい。

そのブンミおじさんがその後で、自分はいよいよ死ぬから洞窟に連れていってくれというので、みんなで連れていく。おじさんは心の中に一つだけ悔いがあるんです。若いころに共産主義の学生たちがみんな国境で武装闘争をやっていた。それを自分は「これは悪いやつだ」と警察に教えられたので、ポンポンとみんな殺していった。あのときに殺した人たちはどうなったのだろう。あのとき、どうして人を殺してしまったのだろうと、そのことだけがおじさんの後悔なのですね。

とはいえ、ともかく全ては前世の思い出のように過ぎ去ってしまった。ブンミおじさんの頭の中では、今、ブンミおじさんが人間として生まれる前のいろんな人生というか、虫だったり、猿だったりした頃のことがどんどん心の中に湧き上がってくる。ああ、その中でまた一つ終わるんだなと言って、安らかに死んでいくという話です。

アピチャッポンはロケ地となったコーンケーンの出身であり、この作品はすべてジャングルの暗い森の中での話です。これがカンヌ映画祭で賞をとって、僕はこの映画を今年の七月に暑いさなかのバンコクで、政治的衝突から焼け爛れたビルのそばの劇場で観たのですけれども、ただちに思い出したのはやはり水木しげるでした。

水木しげるという人は、別に連ドラで有名になったから偉いというわけではありません。彼は世間でいう有名無名とは無関係に、もとより人間と妖怪とか、人間とお化けの区別がないのだという考え方でずっとやってきた漫画家でした。『ゲゲゲの鬼太郎』の中に出てくるねずみ男とか、猫娘とか、鬼太郎とか、鬼太郎のおやじとか。あるいは『河童の三平』に出てくる河童とか。彼らは悪い幽霊とか、人間に悪をもたらす邪霊などではなくて、一応は人間と違う生物なのだけれども、人間の社会にふっと混じっていて仲良く暮らしている。この水木しげるの考え方がこれからはやはりとても重要です。というのもあらゆる意味で日本も韓国も、また世界中のいろんな国で、大都市にはどんどん外国人が入ってきている。労働者としても、移民としても、また難民としてもです。もちろん妖怪というわけではありません。そうではないけれど、日本人でない人と一緒に日本人が住む。韓国人でない人と一緒に韓国人が住むというときに、『ゲゲゲの鬼太郎』というのは、大きな新しいモデルを提出していると、私は思います。妖怪と一緒に仲良く住めるくらいならば、同じ人間だったら人間同士はもっと仲良く住めるはずです。だから『ゲゲゲの鬼太郎』というのは、哲学的に非常に新しく深いものを持っている。

ではなぜ水木さんはそのような他者との共存を漫画として描きえたのかということです。ここで重要なのは、彼がずっと戦争でニューギニアに行っていたことです。ものすごい戦闘で生き残った人はほとんどいない。彼も戦争で片腕を失い、廃兵、つまり身障者として日本に帰ってきたわけです。漫画は右手だけで執筆されてきました。戦争というものから彼が受けたダメージの強さには、筆舌に尽くしがたいものがあるはずです。

水木しげるは戦闘の現場で上官から「突撃をして玉砕、みんなで死ね」と言われて、命令に従います。日本の軍隊はこうした愚かな玉砕をいつもするのですが、何としたことか三人ぐらい生き残ってしまったわけです。そこで生き残って、スゴスゴと陣地に戻ってきたら、「おまえたちは死んだことになっているんだから、今ここですぐ死ね」と言われて、軍隊は何とばかばかしいんだろう。玉砕で生き残ったから「ああ、生き延びてよかったな」と言われるのではなくて、「死んだことになっているんだから、死んでおけ」と。それで水木しげるは何もかもばかばかしくなった。自分は一体何のために戦ってきたのか。

そういうふうなきわめて過酷な体験が終わって日本に帰ってきて、そしてお化けの話をずっと描いている。つまり、単にお化けが好きだから、お化けのことを描いたのではなくて、現実の歴史の中で生死の限界情況を生きて、ほかの人に言っても絶対にわかってもらえないような目にあってしまった。何しろ片腕がなくなってしまったんですから。それでいろんなお化けのことを描く。

これはアピチャッポンのブンミおじさんが死ぬ前に「自分はいっぱい人を殺した、学生を殺した、それが心残りだ」と言って死んでいくということに、逆方向からつりあっているのです。現実の歴史の中で戦いに突き落とされてしまい、心ならずもいろんな不条理を生きなければいけなかった人間の、後悔とか悲しみといったもの、それが生き延びた後でお化けのほうに向かう。とはいえアピチャッポンはまだ四〇歳です。水木先生は八八歳、瀬戸内寂聴と同じ年です。この二人が対談しているのを読むとすごいですよ。とにかく瀬戸内寂聴、鶴見俊輔、水木しげる、これがみんな八八歳。すごいですね、日本の老人パワー。

アジア――思想性の深みへ

それはまあいいとして、そのアピチャッポンという人が四〇歳で高い死生観、人間が死ぬということを見つめる成熟した眼差しを持っているということ、これはやはりすごいことだと思います。やはりタイの文化的な厚さというものを感じるし、それは水木先生も含めて、アジアの持っている、人間が死ぬということ、あるいは人間が生きるということに対する非常に深い哲学的な知恵、知識ではなく知恵というものが出てきているのではないかと思います。

私は別に、アピチャッポンがカンヌ映画祭でグランプリをとったから偉いとか、水木先生が連ドラで有名になったから偉いとか言っているわけではありません。そんなことは全然関係ないのです。そうではなくて作品だけを見ていて、こういうふうにお化けと人間が一緒に住んでいる。猿になった息子も一緒にご飯を食べようと、こういう世界に到達するまでに、この二人の芸術家がどんなに現実の歴史のなかで辛い体験をしてきたか。その後でこういうことに到達したということです。この思想性の深さといったものに、私はある畏敬の気持ちから最終的に「アジア」という名前をつけてみたいと思っています。

ですから、今日は三水準において、映画の前から伝説とか昔話に似ている話があったと。それから一九九〇年代から、みんながアジアの中で情報交換とか、新しいものを観たというので、だんだん似てきた。しかし、もっと広い意味で、文化の中で、一人の、あるいは二人の芸術家が人間の生き死ににについての非常に近い考え方に到達したということ。この三水準においてアジアの文化のある深さというものが、これから考えられるのではないだろうか。そういうふうに考えております。「お化け」から始まったわけですけれども、「お化け」というものを描くことによって、つまり、西洋には「幽霊」しかないのに、日本には、あるいは韓国やタイには「お化け」とか、「ピー」とか、「トッケビ」があるということ。これは実は非常に大きな財産なのではないか。

われわれ人間がこれからどうやって生きていくべきか。自分の国の人間ではない人間、言葉がわからない人間、食べ物の違う人間と、これから仲良くしていくわけですね。そのときにお化けというものを描くということ、アニメでも漫画でも映画でも、それは非常に大きな示唆を、私たちにアドバイスを与えてくれているのではないか。そういう叡智に私は「アジア的」という名前をつけたいと思っております。ご清聴ありがとうございました。

II

越境するアジアの現代文化

――現状と可能性

四方田犬彦　まず、プラープダー・ユンさんをご紹介します。高校生時代に日本に留学して、それから何回も京都で哲学を勉強なされています。今、神道に興味を持っていらっしゃるという、そういう小説家のプラープダー・ユンさんに『ポップカルチャーにおける「アジア・ブーム」の幻想』という題名でお話をいただきたいと思います。

その後、メアリー・ウォンさん、チョン・スワンさん、それから後小路さんに次々とご発表いただきたいと思います。

では、プラープダーさん、お願いします。

ポップカルチャーにおける「アジア・ブーム」の幻想

プラープダー・ユン（タイ・作家、脚本家）

不安定なタイの政治状況

皆さん、よろしくお願いします。まず、福岡にお招きいただいたことを心からお礼申し上げます。今、ホラー映画を幾つか観させていただいたので、まだ体が震えているのですが、ベストを尽くしてお話しさせていただきます。

私は一九七三年に生まれましたが、この年はタイにとって非常に重要な年でした。その前の一九三二年から七三年一〇月に至るまで、タイは軍事政権下にあったわけですね。ところが、一九七三年一〇月一四日、つまり、私が生まれてからほんの数カ月後に、タイでは大学生によって非常に大きなデモ行動が起こりました。

その大学生たちは西欧の考え方に影響を受けており、西欧民主主義の考え方に啓発されてデモを起こしました。また同時に彼らは、そのころの学生に対する政府側の処遇に対して大きなフラストレーションを覚えていました。それでデモを起こしたというような年に私は生まれたわけです。

そして、そのように政府側と学生側が暴力的な対立を起こしたということで、プミポン国王がその仲介に入りました。そして政府を率いる首相に対しては、国を去るようにと国外退去を命じ、その後、新しい首相が任命されました。それによって、その年に軍事政権が終わったわけです。それまで半世紀にわたって続いていた軍事政権による国の支配、タイの支配は終わりました。これが一九七三年一〇月一四日のことでありまして、これはタイの歴史の中でも、民主的な革命を起こした日であり、タイにおける民主主義活動のたいへん重要な日であるというふうに現在にいたるまで考えられております。

しかしながら、その後、タイの政治情勢は非常に不安定なままでした。また、一般大衆のうちにも共産主義によって侵略されるのではないかという恐怖感が広がったために、そこにつけ入って、一九七六年の後半にまた軍事政権が権力を取り戻したというような歴史がありました。

そのような出来事があって、また似たようなことも次々起こりまして、一九七六年以降のタイの情勢変化が、現代のタイの文化における状況を形成する大きな要因となりました。直接の要因となったものもあれば、目に見えるはっきりしたものから、そうではないものまで、いろいろな影響をタイの文化に与えたわけです。

その結果として、多くのタイ人は、今現在のタイというのは、まだまだ重要な危機的な状況にあるのだと考えているわけです。また社会的にも政治的にも皆が目覚めるようになっていったのは、二〇〇六年にクーデターが起きたときからでした。このときには、国民の中にも人気があり、かつ大金持ちであった当時の首相のタクシン氏が、国外に追放になったことがきっかけになりました。世界の中では今でも知られていることですけれども、タイでは最近、世界中の人を驚かすさまざまな出来事が起きております。たとえばタイ人は、もともと非常に優しくて、平和を愛好して、いつも微笑んでいるというイメージがあったのですが、それとは打って変わって非常に暴力的な行動をとるにようになった、そういったことがタイ国内で起きているというような報道がなされております。

国際的な報道機関によると、この問題は単純に伝えられています。タイは政治的な危機にあり、今、権力闘争が起きているのだとされています。一般的には貧困層と中流階級との対立とされており、貧困層というのはタクシン派であって、それが優勢な多数派である。けれども、それに対立する保守的な中流階級があって、タクシンの姿勢にちょっと疑念を抱いている。彼らはタクシンのスマートな政策にむしろ疑いをいだいており、そのような中流階級と貧困層が対立しているという構造が報道されています。

たとえばタクシン側は一般大衆の支持を得たのですが、報道ではその政策はむしろ無視されており、どういうわけかタクシン首相のもとでは腐敗や汚職が多かったというように報道されています。中には非常に行き過ぎた結論を出している報道もあって、この権力闘争をタクシン派と王政派の対立であるとしています。つまり、タクシン派と、国王のもとに集う王政派の対立が原因になっているのだと報道をするところもあるわけです。

このタイの危機については、五月一九日に政府が、いわゆる赤シャツ隊の抗議デモをする人たちを抑えつけた後では鎮静したということに現在ではなっています。が、実はそれ以降もやはり国の危機は残っています。実際のところ、状況は以前よりももっともっと複雑になっていて、まだまだ結論を出すのは早過ぎるという状況です。

こういうふうに政治的には非常に不安定な状況ですが、それでもタイ国内の中にはやはり資本主義も、消費者主義も蔓延していて、特に大衆文化はいまだに人気を博しているというのが現状です。

日本の漫画とともに

私の世代の若者たちは、日本の漫画とか、アニメとか、任天堂のビデオゲームで育った世代です。私は子どものころから、ずっと『タイガーマスク』を観ていましたし、あるいは『仮面ライダー』のシリーズとか、『ウルトラマン』とか、そのほかにもたくさん日本から輸入されたテレビ映画を観ていました。

そして、タイの子どもたちは、当時、日本のいろいろな番組を観るほうが、タイのものを観るよりもずっといいと思っていたわけです。日本の番組の方が洗練されているし、内容的にもおもしろいと思っていました。タイ国内で子ども向けに制作された番組よりも、よほどいいとみんな思っていたわけです。タイの番組というのは、どちらかというとお説教くさいと、タイの子どもたちは思っていました。

そして私たちは子どものころから、日本の漫画とかアニメに取りつかれて夢中になってしまったのですね。自分たちの想像力に火がついたと言えるわけです。タイのような国では、教育制度の中では、むしろ芸術的な関心を持つというようなことは奨励されていなくて、どちらかというと、『ウルトラマン』のようなものは、安っぽい娯楽番組で程度が低いというふうに言われていました。

しかし、実際はそういう日本の『ウルトラマン』のような番組のほうが、子どもたちにとっては創造的な考え方とか、インスピレーションとかいったものに火をつける役割を果たしたわけです。

そして日本のポップカルチャーがタイでは人気を博して主流になってきました。それで『ドラえもん』の漫画がタイで登場したときには、全国的なセンセーションを起こすほどでした。しかしながら、とても皮肉なことですが、そのほかの輸入されてきた日本のポップカルチャーでタイの若者文化にこれほどの大きな影響を与えたものはありません。たとえばＪ－ＰＯＰとか、かわいい文房具とか、そのほかにもいろんな洗練されたゲームとか、そういったものはタイの若者文化に影響を与えたのですけれども、『ドラえもん』ほど人気を博したものは他にはありません。

『ドラえもん』が来たときには、タイの人たちは「とうとうまた日本から最後の侵略が始まった」とさえ言ったくらいです。しかし、このドラえもん現象を後で超えるものはありませんでしたし、日本のポップカルチャーの影響は、おそらくタイにおいては、それ以後は、だんだん減っていったというのが私の見方です。

K-POPの成功

そして今現在のタイはどうなっているかというと、若者文化で大きな存在感を示しているのが韓国のポップカルチャーで、コリアンポップ（Ｋ－ＰＯＰ）です。韓国のテレビドラマはいつも、国内のタイ番組よりも視聴率が高いですし、また、ハリウッドとか、あるいは商業的なタイのスタジオでつくられたものよりも、さらに韓国の映画のほうが人気を博しています。

日本映画や香港映画は、かつてはタイの映画を愛好する人たちには大きな影響を与えたわけですけれども、この二つの国の映画よりも、さらに今では韓国映画のほうが強い人気を博すようになりました。タイ国内の地元の音楽産業は、特に今現在、K-POPのスタイルに合わせて、自分たちのやり方も急激に変えるように強いられてきました。

しかし、文学の面を見ますと、大きな驚くべき出来事が過去に起きているわけです。それは小規模な出版社の例ですが、そこが韓国の十代向けのロマンス作品、ロマンチックな作品を翻訳して出すということを専門的にやっていたのですけれども、そのうちの一社がほとんど一晩で、ものすごい大成功を収めるということがタイで起きたのです。これは全く予期しなかった変化であって、いわゆる純文学の愛好者、まじめな文学を愛好する人たちは、こういった急激な変化に完全に戸惑っているというのがタイの現状です。

一体どうして、現代のタイの若者がそれほど韓国の文学作品に魅力を感じているのか、なぜそういった変化が現在の文化で起きているかという理由を、だれも説明することはできません。しかし、韓国のロマンス文学、十代向けの文学で、このような大きな変化が起きていることは、実際みんなを非常に驚かせ、惹きつけています。というのも、この文学そのものは、それ以前のタイのポップカルチャーにいろいろな影響を与えた文化に対して、余り直接の影響といいますか、関係を持っていなかったからです。

それから、タイの十代の若者たちは本当に本を読まないということが、従来からよく言われていました。ですから、主流のマスコミなどはそれを揶揄して、タイの今の若者が一年間に読む文章の量は六行しかないと書いたことさえありました。ところが、この韓国式の十代向けのロマンチックな作品が非常に人気を博したおかげで、その一つの出版社は、これで莫大な利益を上げました。そしてたくさんの別々の種類の本が一カ月に翻訳されて発行されるということが、現実にタイで起き始めたのです。

このように、いわゆるタイにおけるK-POPの成功は、多くの古い世代の人々にとっては理解しがたい面がありますし、日本の影響、あるいは中国の影響も、かつてとはまた違った方向性をタイで見せるようになってきたわけです。

たとえば日本の影響を取り上げてみますと、村上春樹の作品がタイの若い世代、特に知識階級の若い世代に受け入れられるようになりました。そしてそれと同時に、日本の現代美術とか、日本のデザインについての関心も高まってきました。

これはどういうことかというと、いわゆる日本の影響がだんだん成熟してきたとも言えると思います。一九八〇年代、九〇年代には、その日本の影響は、いわゆるマージナルな、周縁的な役割しか果たしていなかったわけです。言い換えると、J-POPの影響というのがタイに始まって、それが消えることなく、むしろそれを成熟させようという集団的な欲望がタイの中に生まれてきた。そしてより洗練された内容を、タイの人々は日本の文化に対して求めるようになったというのが私の見方です。ですから、おそらくこのK-POPの影響も、近い将来は同じような方向性をたどるのではないかというふうに私は考えています。

このような、いわゆるポップカルチャー（大衆文化）の中で、たとえばK-POPや、J-POPなどが出てきたときは、これが国境を越えてやってきたときに、常にこれはアジア・ブームだとか、アジアからの侵略だというようなことがメディアで言われていました。しかしながら、これは非常に表面的な反応であったというふうに私は思います。

実は何が起きていたかというと、消費者を中心とした大衆文化、大衆娯楽が受け入れられるようになったのであって、文化そのものが大きくそこで取り上げられていたわけではありません。そしてK-POPが実際に流行したからといって、十代のタイ人の中で韓国語に対する関心が強まったわけでもありませんし、また、韓国に対しては非常に表面的なレベルでの関心しか持たれなかったというのが実情です。

だれも、韓国の純文学の作家がどういう人かとか、思想家がどういう人かということを、タイで知っているわけではありませんし、たとえば韓国の歴史そのものについても、タイ人は大して知識を持っていないのです。ですから、こういうふうな現象は、あくまでもファッションを中心としたものであり、ファッショナブルだから受け入れて、そしてそこで経済的な利益も生み出していくという、そういう傾向にしかすぎなかったわけです。

アジア的なものの中身

より重要なことですが、いわゆるポップカルチャー（大衆文化）の中でアジア的といわれるものは、実は全然アジアのものではないということさえ言えると思います。それはどういうことかといいますと、たとえばK‐POPとか、J‐POPのような現象というのは、実は中身は西洋的なものではないかと言えるわけです。つまり大まかに言いますと、いわゆる洗練された影響というのがあり、これによって現代美術とか、あるいは日本からの純文学というものがタイにもたらされたわけですが、しかし、それはいわば西洋化された日本を持ち込んでいるにすぎません。

ですから、多くの面で言えることですが、アジアの現代文化というのは、いまだに西洋に認められることを望んでいるのであって、たとえアジア的であるとか、アジア的視点というようなコンセプトを持ち出したとしても、それはあくまで西洋的な枠組みの中で生み出されたアジア的なるものにすぎないのではないかと私は思います。

私自身の目から見ますと、少なくともタイ人は非常に複雑な複層をなす断絶の世界の中で生きざるを得ないというのが現実です。つまり、一方では私たちの生活は、いまだに複雑で、かつ非民主主義的な政治体制から影響を受け、それによって形づくられるものになっています。けれども、もう一方を見ると、私たちのタイの文化というのが外国の影響を重く受けとめている。しかし、それは政治体制と直接の関わりを持たないような影響であるわけです。ですから、タイ人は社会に生きる一員として政治的な危機からは大きな影響を受けながら生きている。それはもちろんポップカルチャーの現象よりもはるかに大きな影響であるけれども、タイ人としては政治的な影響からはむしろ目を背け、ポップカルチャーの影響のほうを大きく受けとめ享受するというような考え方をせざるを得ないというのが現実です。

これは典型的な社会の問題かもしれませんが、しかしながら、これはアジアならではのユニークな問題であると思います。なぜかと言いますと、私たちはいわゆる「アジアらしさ」とか、「アジアならではのもの」に価値を置くからです。つまり、あくまでそれが存在しているというふうに信じて生きていきたがっているのです。しかし、本当にそんなものがあるのだろうか。あるとしたらどこにあるのだろうか。それはK‐POPなのか、J‐POPなのか、あるいは村上春樹の作品なのか、そこを考えていきたいと思います。

そして、そういう問題を考えていく上で、今こそ、その時期が来たというふうに私は考えています。特にタイのような国では、政治的、経済的、そして環境的な問題が密接に絡まっていますし、それが今まで以上に危機的な状況になっているからです。そうした中で、このアジア的なるものとは何かということを考えるとき、その意味においてロマンチックな考えを持って「アジア的なるもの」というものを見るかどうか、ということを考える時期に来ているわけです。

最後に、そのアジア的なるものが、私たちの社会的、政治的な問題を解くかぎになるか、その機能を果たせるかということも考えるべきだと思います。もしいろいろな物事がすべてお互いにつながり合っているとしたら、必ずそのような疑問に対して、何らかの非常に明るい解決策というか答えが見つかるのではないかと思うからです。

だからこそ今、必死になって自分たち自身も見つめ直さないといけないし、また、そういったアジア的なるものは何かというようなことを問う質問も、私たちは投げかけるべき時だと思います。どうもありがとうございました。

四方田　ありがとうございました。大変おもしろい問題提起をいただきました。それでは次の発表にまいります。次はメアリー・ウォンさんです。メアリー・ウォンさんは、香港の嶺南大学で映画史と比較文学の先生をされていまして、そして小説もお書きになっていらっしゃいます。

では、メアリー・ウォンさん、お願いいたします。

フィクションとしてのリアリティ
――ポスト二〇〇八年の香港における日本文化

メアリー・ウォン〔黄淑嫻〕（香港・嶺南大学准教授）

日本との蜜月時代

皆様、こんにちは。私はまた福岡に来ることができて大変うれしく思います。実は一〇年ほど前、東京で研究しているときに一度福岡に来たことがあります。

実は今日お話をする前に最初に申し上げたいのは、日本と香港は非常に協力関係を持っていた時期があるということです。戦後、お互いにいろいろ協力し、影響し合ったという五〇年代、六〇年代の時代があります。その当時は映画でも、いろいろな作品が共同制作されました。香港の映画監督が日本に来て撮影をしたり、日本の映画監督が香港に行って撮影をしたり、一緒に共同制作をすることで、映画の面では一つの戦後の黄金時代を画した時期があったということは事実です。

そして映画のほかにも、日常生活で香港人が非常に日本の文化の影響を受けたという面がありま す。たとえばウォン・カーウァイ（王家衛）監督の映画で、妻のために主人公のトニー・レオン（梁朝偉）が日本から炊飯器をお土産に買って持ち帰るというような場面があったのですが、その当時、日本の炊飯器は非常に性能がよくて、一気に香港に広まったんです。ですから、ある意味、日本文化の影響のシンボルのように炊飯器が考えられたという時期がありました。

それから私の記憶では、七〇年代の香港で日本のファッションがとても流行った時期があります。香港の人たちがだんだん経済的に裕福になっていって、中流階級が増えてきたときに、外国のファッションを取り入れたいという傾向が出てきました。そのときに一番人気を博したのが、最初は日本のファッションだったわけです。それから後に八〇年代になって、日本の漫画とかポップミュージックが輸入されて、これはみんなとても重要だと考えました。最近では香港の人たちは日本のテレビドラマを観るのも非常に好んでいます。

ただ、さっきプラープダーさんが言ったように、いろんな国の文化、そして韓国文化の影響というのがどんどん香港に入ってくるようになりましたので、やはりバランスをとろうというような考え方をする人も出てきました。単純に香港の文化、日本の文化というだけでなく、もっとほかの国の文化も見ようじゃないかという人たちも増えてきたのです。

ちなみに私が大学で教えている学生たち、つまり若者世代は、とにかくインターネットを使って、ありとあらゆるところの情報を取ってきます。たとえば非常におもしろい服を着ている学生がいたので「それ、どこで買ったの」と聞くと、「韓国の通販で買った」と答えるのです。「何でそれを選んだの」というと、「おもしろいから」とか、そういうことを言う学生が多いのです。

それから韓国のテレビドラマを好んで観ているという学生たちも増えています。ですから、まさにプラープダーさんの言ったとおり、ここ数年間は香港では日本の文化の影響が前よりもどんどん減ってきて、むしろ韓国の文化の影響がどんどん増えてきているというのが現状です。ただ、量的には日本の文化の影響は減ってきていると思いますが、いまだに香港にとっては日本文化の影響が非常に重要であるということは変わりありません。

どちらかと言うと、日本文化の影響のほうが韓国文化の影響よりも、より洗練されたもの、レベルの高いものと考えられているという傾向があります。文学の面では特にそうですが、香港では日本文学を中国語に翻訳して香港で紹介してきたという、非常に長い歴史があるからです。戦前からずっとそうしていました。一九四〇年代からもう既に日本の当時の現代文学が中国語に翻訳されて、香港で読まれていました。ですから、現在では日本文化は量的には存在感を失ってきているのですけれども、クオリティというか実質的な面ではむしろ存在感を増してきているというのが、今の香港の現状です。

そういうことで、今日、私は、香港における文学と映画についての日本の影響ということについてお話ししたいと思います。これは今でも香港では日本文化を理解するうえで非常に重要視されている面でもあるわけです。

社会的な対立の発生

しかし、今日は香港における日本文化の受容ということに関して、特に現代の後半の時代から話を始めたいと思います。これはいわゆる金融危機、経済危機、津波と言われるような経済崩壊が起こった二〇〇八年以降、どのような変化があったかということに的を絞ってお話しいたします。

では、その二〇〇八年以降の香港の街がどうなったかという私の見方をお話ししたいと思います。この世界を覆った経済的な津波が起きたのは二〇〇八年九月、米国系銀行のリーマン・ブラザーズが、一五〇年の歴史を誇りながらも倒産したのがきっかけでした。このことは香港の経済を揺るがしただけでなく、伝統的に香港人が銀行に対して持っていた信頼感も揺るがしてしまいました。

いま現在は皮肉なことですけれども、銀行のことを香港では金庫番というよりは、むしろギャンブル場というふうに考えるようになりました。昔は香港人の親たちは、子どもたちに対して「将来に備えて貯金しなさい」と言っていましたけれども、今は銀行のほうがむしろ非常にリスクの高い投資型商品を打ち出して顧客をつかまえようとしているわけです。

また同時にメディアのほうも、香港の人たちに対して「香港の貨幣価値がどんどん下がっていくから投資したほうがいいですよ」というようなことを言うのです。それで、若い人がむしろ投資行動に走っています。もともとたくさんお金を持っていないから、その価値を失うのは怖い。怖いから投資する。投資して失敗して、また失う。またそれが怖くて、また投資するという悪循環が起きています。ですから、今の状況を一般的にいえば、こういった投資行動によって香港は以前よりずっと不安定な街に成り下がってしまったということです。

〔スライド1〕

二〇〇八年以降の香港ですけれども、いわば社会的なさまざまな要素が対立的に埋め込まれた社会になってきているわけです。その対立的な要素というのが、現実に目に見えるわけです。

街を歩けばすぐ目にするのが、こういうふうな光景です。いまお見せしているように、香港の街を歩いていると、人々がデモをしているような場面にぶつかります。スタンダードチャーター銀行

〔スライド1〕シティバンク前のデモ

のところ、あるいはシティバンクのような銀行のところで、実際にデモをしている人たちがいます。そのデモをしている人たちは、リーマン・ブラザーズの債券をだまされて買わされたと、銀行に対して抗議活動をしているわけです。スローガンを立て看板などに書いて、いろんなことを訴えているわけですが、その叫び声を聞くと、それはいわば香港の人々にとって経済的な衰退の傷を表しているふうにも見えるわけです。

〔スライド2〕

それからもう一つ目にするのは、次のような場面です。尖沙咀（チムシャツイ）という、ちょうど港のところにある地区ですが、こういうふうな非常に目立つ場面があります。毎日だいたい夕方四時から五時ぐらいになると、たくさんの人が行列をつくっているわけです。彼らは大

〔スライド２〕ルイ・ヴィトンの前に並ぶ中国本土の観光客

体、中国本土から来た観光客ですけれども、ルイ・ヴィトンとかシャネルなどのハイファッションといわれる店の前に並んでいます。私は初めてこれを見たときには一体何だろうと思って、何かただで配っているのかしら、くらいに思って一緒に入りました。でも、何の割引もなく、普通の販売をやっていただけでした。そこでみんな行列をつくってバンバン品物を買っていたのです。いわゆる夢の商品といいますか、非常に欲しかった物を一生懸命買っている。こういうふうな場面も今の香港のあちらこちらで見られます。

このように、デモをしている人もいれば、ショッピングをしている人もいるというのは、今では香港で当たり前の光景になってきたのですが、両方とも共通点があります。それは皆が、とにかく必死であることです。それそれが自分の欲しい物を手に入れたがっているということには変わりありません。ですから、こういう全く正反対のイメージが、今の香港の現代社会に生まれているわけです。

では一体、今の香港はどうなっているのか。私たちはいま調子がいいのか。あるいは社会的、経済的な問題がむしろ大きくなって、みんな苦しんでいるのか。どっちだろうかと考えると、私は非常に複雑な思いにとらわれます。

なぜかといいますと、一方で中国本土のほうを見てみますと、目につくのはいわゆる非常に大規模なオリンピックのときの花火の光景のように、どんどん経済力が高まっている中国の存在感です。しかし、自分の足元の香港のほうを見ますと、社会的な問題がどんどん大きくなって人々の亀裂が深くなっているからです。豊かな人と貧しい人の間のお互いの敵対関係が強くなっているし、若い世代と年配の世代の間の対立も、昔よりもずっと深くなっているのが現状です。

『1Q84』の読まれ方

〔スライド3〕

このような香港に対して、どのように日本のポップカルチャーが影響を与えているかということですけれども、その最初のきっかけとして、私は村上春樹の『1Q84』を取り上げたいと思います。

ここに出している第三巻の表紙は台湾で翻訳された版です。今でも香港では文学作品が中国語に翻訳されるときには、中国本土で翻訳されたものよりも、台湾で翻訳されたもののほうが、人気があります。この村上春樹の作品についてもそうです。

『１Ｑ８４』は、実際に出版される前からメディアの注目を非常に集めた作品でした。書店では予約を受け付けましたけれども、これは香港の書籍の市場では珍しいことでした。そして作品が実際に出版される前から広報宣伝活動も大規模に行われましたし、新聞や雑誌がこの村上春樹の『１Ｑ８４』について、とにかくいろんなことをたくさん報道したわけです。

〔スライド３〕『１Ｑ８４』第３巻

この小説は知識人から非常に好評で迎えられました。実は私にとっては、この『１Ｑ８４』は簡単に読めるような作品ではありません。たとえば日本社会ならではのもの、つまり日本独自の社会的なものとか文化的なものが随所に出てきますし、またそれ以上に、この語り口といいますか、物語の構成が、あまりなじみがあるようなものにはなっていません。大衆文学を好んで読むのに慣れた人間にとっては、なじみのないような構成になっているからです。

しかし、香港の批評家たち、あるいは知識人は、村上春樹の作品を非常に好んでいます。もちろん村上春樹については昔からのファンもいますが、それ以外にもたくさんの人の間でとても好評だと伝えられています。なぜかといいますと、村上春樹の『1Q84』を読んで、たくさんの人が非常におもしろいと思ったのは、これが非常に奇妙な世界というか、奇妙な社会を表現した作品であったからです。それが、自分たちが今生きている香港の社会につながっていると、非常に多くの人が感じたわけです。ですから、『1Q84』に関しては香港でたくさんの書評が出されましたが、そのほとんどが社会的な面に対して焦点を当てていて、村上作品のスタイルの非常にセンチメンタルな感じというところに触れたものは、あまり書評としてはありませんでした。これは作家がどういう姿勢で作品を書いたかということを反映しています。つまり、『1Q84』という作品は、村上春樹が新しい作品を出したのだけれども、そしてそれは香港の読者たち、いわゆる村上春樹を好む人たちにとっては、非常に好ましい作品として出てきたのですが、しかし、それだけでは済まずに、むしろ香港の現代を生きる知識人の、ある種の心の琴線に触れた面があったというわけです。なぜかというと、この作品が訴えかけているのは、私たちが生きている社会は非常に奇妙な世界になってしまっており、普通のやり方では今抱えている問題というのは決して解決できないのだということだったからです。そしてそれを私たちに思い知らせるような作品として香港では受けとめられたからなのです。

〔スライド4〕

〔スライド4〕『告白』の表紙

『1Q84』は知識人に非常に広く受け入れられた作品になりましたが、もう一つ、日本の小説で非常に人気を博して、たくさんの読者を獲得した作品があります。この作品に基づいて映画化もされ、最近香港でも上映されました。それが、湊かなえの『告白』です。

いまここに出ているのは『告白』の表紙です。この本そのものはメディアでも随分取り上げられましたし、翻訳も複数出ました。これはずっとベストセラー・リストの第一位になった作品です。また、台湾の人が翻訳した本が非常に人気を博しましたけれども、繁体字版と簡体字版の翻訳も出されました。台湾でも中国語版の翻訳が出たし、中国本土でも翻訳が出たというふうに、それぞれ翻訳が別々に出るくらい人気を博しています。この写真は中国の繁体字版のものですが、現在でも今週のベストセラーの第一位につけている作品です。

この『告白』という作品の人気は、香港の教育制度とも関係があります。香港では教育問題は非常に長く続く問題となっています。しかしそれは若い人たちが犯罪に手を染める傾向があるから問題とされているのではなく、むしろ先生の側が受けるストレスの大きさなど、先生の負担が大きいということが、香港では教育問題になっているわけです。そしてこの小説でもそういうふうなことに触れられていました。もちろんこういった問題は世界中どこにでもあるとは思いますけれども、やはり香港の場合は儒教の教えというのがあって、香港で学校の先生をしていると、どうも自分の抱えている不満を簡単に外に表現できないというようなプレッシャーがあるわけです。香港の先生というのは、中学校の先生が特にそうですが、非常にまじめに働かないといけないというふうな抑圧を受けているのです。

その儒教文化の抑圧がある香港で、新しい教育制度が導入された、つまり、教育制度改革があった、ちょうどそういうときに、この『告白』は発表されたわけです。

〔スライド5〕

いま見てもらっているのは、その香港の教育制度の変更点の簡単な説明で、つい最近香港で取り入れられ始めたばかりのものです。たとえば中学、高校がもとは七年だったのが六年になって、大学がもとは三年だったのが四年に変わりました。この変化が非常に急激に行われたので、香港の学校では新しい科目がたくさん増えました。そのほとんどは、昔ながらの先生たちが勉強したことのないような新しい科目で、現在の先生たちはそれを教えなければいけなくなりました。ですから『告白』*というこの小説が、香港の先生側が持っている不安感や不満を取り上げるような、いいきっかけになったわけです。

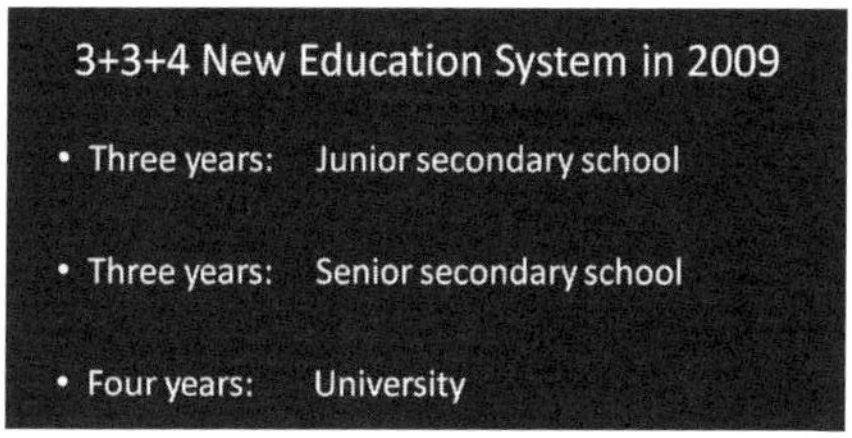

〔スライド5〕香港の教育制度

〔スライド6〕

これは香港有数の新聞である「明報」が発表した記事につけられていた写真です。このときは、この新聞社は映画の『告白』の宣伝広告の一部を使って、香港の教育制度について議論を取り上げるきっかけにしました。もともとはこの広告の真ん中にある顔は主演女優の顔だったので

〔スライド6〕香港の新聞「明報」の記事

すが、新聞社はそれをわざと男の子の悲しそうな顔に変えました。この男の子は香港の非常にひどい教育制度のもとで勉強しないといけないので不安であり、とても悲しいという表情をしています。そういう新聞の特集記事に『告白』の宣伝広告が使われたのです。

映画化される日本文学

もう一つ最後に申し上げたいのは、日本の文化が香港社会に受容される上での日本映画と文学作品のもつ重要性です。日本文化の影響というのはたくさんあります。音楽もそうですし、ファッションもそうですけれども、それらの影響の歴史は短いものであり、重要なのはやはり文学の影響です。日本文学は、さっきも言いましたように一九四七年以前からずっと翻訳されて香港に紹介されてきました。様々な翻訳作品が出版され、それがどんどん洗練されたものになってきています。

映画も言うに及ばず、戦後もいろんなコメディーが紹介されたりしていますので、文学と映画は、香港における日本文化の二つの側面として非常に確固たるものであり、非常に大きな重要な影響を与えたものであると、今でも言えるわけです。

〔スライド7〕映画化された日本文学作品

〔スライド7〕

それから、この映画と文学ということについて言えば、いわゆる翻案物というのが非常に重要だと思います。香港で日本の文化を受容する上で重要なのは翻案物であり、また文学作品の映画化でもあります。

実はこの間、私は尖沙咀というところに行ったのですけれども、映画館が一気に六つも集まったところができていました。あんな小さい場所に六つも映画館があるので、私は初めて見てびっくりしました。その多くは中国本土からやってくる観光客向けの開発であって、一つのプラザにたくさんのビルが建って、それぞれに映画館が入るというような現状があります。

そこでもたくさんの日本映画が上映されています。特にここ二年間多くなってきたのが、日本文学を映画化した作品を香港で上映するというやり方です。

このスライドに出ているのは全部、もともと日本文学が映画化された作品で、村上春樹の『ノルウェイの森』*も、もうすぐ香港で上映されることになっています。それから、もう上映されたのが太宰治の『ヴィヨンの妻』*です。私の大学でも教室で取り上げて学生に見てもらったのですけれども、学生は非常に気に入ったという人が多かったです。このように文学作品を映画化して上映したことがきっかけになって、香港の若い人たちが日本の古い文学作品を読むようになり、そして日本文化について理解を深めるという傾向が、近年、非常に強くなってきています。

『ノルウェイの森』に関しては、まだ上映されていませんが、多くの人々が上映を待ち望んでいるところです。おそらく香港では一二月の終わりから来年（二〇一一年）の一月ごろに上映の運びになると思います。ただ、残念なことに、昨日、四方田さんと話していたら「これ、ひどい映画だよ」というような言われ方をしたので、香港の学生の反応とか、若い人の反応がどうだろうかと思っているところです。でも一旦、公開されれば、必ずそれはまた、村上春樹作品を別な形で香港に紹介するきっかけになって、さまざまな議論が起こることでしょう。そういったきっかけになることは確かだろうと思います。以上です。ありがとうございました。

四方田　大変熱のこもった、充実した発表でした。

次は韓国のチョン・スワンさんにお願いいたします。チョン・スワンさんは東国大学校というところの准教授で、日本映画史の専門家であります。そして早稲田大学の大学院で、日本の一九三〇年代の松竹の小市民映画について論文を出して、その後、韓国にお帰りになってから、国際映画祭でずっとプログラム・キュレーターを務めていらっしゃる。そういう意味で日本と韓国の映画的な交流のために、これから非常に重要な役割をなされる方です。では、よろしくお願いいたします。

大衆文化交流を通じたアジア文化共同体形成の可能性——映画を中心に

チョン・スワン〔鄭秀婉〕（韓国・東国大学校映像大学院准教授）

アジアにおけるアジア大衆文化の消費

私は日本語で発表することにしましたので、たいへん緊張していますが、頑張ります。私は福岡に来るのは今回で二回目です。去年はアジア映画祭で招かれて、初めて福岡を訪問したのですが、すごくきれいな街で、とても印象がよかったので、また福岡に来る機会があればいいなと思って帰ったんです。一年ぶりに、こんなに早くまた福岡に来ることができるとは思わなかったので、本当にうれしく思います。

今、プラープダー・ユンさん、メアリー・ウォンさんのお二人が、韓流という韓国の大衆文化がいまアジアでどのように受け入れられているかということに、ちょっと触れられたのですけれども、アジアで韓流というものが重要な現象になったのは確かなことだと思います。

それで映画を中心に、その韓流というものが、これからアジアで、アジアの共同文化をつくるために、どんな役割をすることができるかという面で、本当にアジア文化的な共同体系が形成できるかどうか、その可能性があるか、そのために韓流はどうしたらいいかということについてお話ししたいと思います。

近年、韓国のテレビドラマ、大衆音楽（K-POP）、映画などの大衆文化がアジア地域を中心にブームとなる「韓流」現象が起きています。しかし、アジアにおいてアジアの大衆文化が熱狂的な人気になり流行ることは、韓流が初めての現象ではありません。すでに一九八〇年代に香港映画を中心とした「香港流」が流行ったこともあり、一九九〇年代には日本のテレビドラマとJ-POPを中心とした「日本流」が流行ったこともありました。

一九六〇、七〇年代に西欧の大衆文化を一方的に受け入れたアジア地域で、西欧の模倣期を経てアジア固有の大衆文化が発展し始めたのは一九八〇年代以降でした。西欧の近代文化を一方的に受け入れていたアジアの人々が、西欧とは違うアジア的な大衆文化の新しさに目を覚まし、アジア文化に熱狂し始めました。一九八〇年代の香港ノワール映画を中心とした香港流からスタートして以来、アニメーション、ドラマ、大衆音楽、キャラクター、ファッションなどに至る様々な領域に渡った日本流がアジア全域で流行りました。二〇〇〇年代に、アジア全域で吹いた「韓流」の風もその延長線上にあるものともいえます。しかしながら、「香港流」が香港ノワールと呼ばれる映画ジャンルの一つの分野に止まったことや、「日本流」が過去の日本の植民地帝国主義に対する反感と嫌悪によりその発展に限界があったことなどと比べて、現時点での「韓流」人気は以前のそれよりももっと高いという特徴があります。

「韓流」の特徴とその背景

それでは、二〇〇〇年代に入りアジア全域で急速に広まり、その影響を及ぼしている「韓流」は、以前アジアで流行っていた大衆文化の流行と比べて、どのように違う特徴を持っているのでしょう。「韓流人気」は、一九九〇年代後半中国をはじめとして台湾、香港、ベトナムなど中華圏で青少年が中心となって韓国の歌謡、ドラマ、ファッション、観光、映画などの韓国大衆文化を享受、消費することにより始まりました。その後、二〇〇〇年代に入り、日本では韓国の映画とテレビドラマの人気が高くなって「韓流」が広がり、今は殆どのアジア全域で流行のように広がっている一つの現象になりました。

このような韓流の流行には、まずアジア地域の人々が共通に持っている欲望の同時性が存在します。ほぼ同じ時期に短期間で西欧の近代を受け入れながらそれなりの経済力が確保できるようになったアジア人は、今や西洋の大衆文化を一方的に受け入れるのではなく、アジア地域の大衆文化を共有することにより、自ら認識の主体になろうとする強い欲望を持つようになりました。西欧文化に憧れてきた視線も変化していることが明らかになり、近代化をある程度経験しているアジア国家では、西欧ではなくてアジアを基準にしようとする人が増えています。

アジア地域の多様な文化的交流は国家レベルでの交流ではありません。それは国家の境界とは関係なくアジア近代が作り上げてきた同時代的な変化を体験し、問題を解決しようとする人が共有する文化交流です。ですので、韓流は韓国大衆文化の質的優秀性や文化的固有性により生まれたブームというより、アジア地域で新しく浮かび上がった欲望と多様な葛藤（性別のアイデンティティーや世代間疎通の不可能性など）をもっとも世俗的な資本主義的な商品として作り込んだ能力のお陰で生まれたものなのかもしれません。

西欧、特にアメリカを中心に文化権力構図が形成されてきたアジアにおいて、アジア人は他のアジア国家の現実がよく分からないまま西欧の発展を尺度にして他のアジア国家の文化・経済面での後進性を当たり前のように考えてきました。特に大衆文化の場合、ハリウッド映画などを通した西欧的な目線でアジアを見ていました。ところが、最近、アジア地域間の文化交流を通してアジア地域の国が西欧とは違う同時代性を持っていることを発見するとともに、地域的、文化的近接性に新たに目覚めるようになりました。このようなアジア内での文化交流と大衆文化の流れが、新しい欲望でアジア文化を見る新たな流れを創り出しました。

二つ目は、デジタル技術発展による流通システムの変化です。二一世紀後期資本主義時代にアジア地域内での文化の流れは、急激な技術変化と前近代的な流通システムの共存というアジア的な文化消費パターンで説明できます。特にデジタル時代の受用者の変化は、韓流が急速度でアジア全域へ広がるのに大きな役割を果たしました。デジタル技術の発展は、韓流映画やテレビドラマなどがデジタル特殊効果などを用いて質的な発展に寄与したことや、コンピューターゲーム、ミュージックビデオ、インターネット動画などのように最初からデジタル形式で製作することにおいて、ＩＴ強国の韓国で有利に作用しました。このような技術の発展は製作のみならず、それを受け入れる消費者にも変化をもたらしました。実際に韓流人気の裏面にはインターネット上で東アジアの若い世代を中心に活発に行なわれているデジタル文化コンテンツの交流があり、これを媒介にした知識の公開と共有された考えが存在します。

今や各家庭や職場でもＣＤなどの複製ができるし、音楽をコンピューターファイルで転送することやMP3ファイルでダウンロードすることもできるので、コンテンツの普及速度は想像以上に速くなりつつ、またその波及力も強くなっています。それだけではなく、違法複製を含めてこのような技術発達により、リアルタイムもしくは同じ時間帯に同じコンテンツが共有できるようになりました。結局、デジタル技術の普及が受用者の受用形態に大きな影響を与えて、今日の韓流が可能になったとも言えます。今は、インターネットで韓国のドラマや歌、映画などを全てリアルタイムで観ることができるようになりました。

三つ目は、米国一辺倒のグローバル文化覇権に対する東アジアレベルの対抗論議の必要性が台頭していることです。グローバル文化に対して個別的に対抗するしかなかった東アジア国家の従来の世代とは違い、昨今の若い世代は東アジア大衆文化の連帯による共同の文化論議ができるようになりました。

最後に、映画の場合、二〇〇〇年代以降活性化した韓国の映画産業です。一九九〇年代に入り、変化し始めた韓国映画界は、一九九九年の『シュリ』*以降量的な面と質的な面で著しい発展をしてきました。二〇〇四年には観客動員数が一〇〇〇万人を超える（『シルミド』*など）映画史上大記録を達成し、世界有数の映画祭で受賞するなど国内外における韓国映画のプレゼンスもよくなりました。大ヒット作からインディペンデント映画に至るまで様々なジャンルの多様な映画が作られ、このような映画産業の活性化は輸出の増加とともに韓流の成長に大きな役割を果たしました。

「韓流」受容の現況

このようなアジア地域が持っている共通の時代的背景から生まれた韓流の特徴にも関わらず、アジア各国の現況によって韓流を受容する範囲やジャンルなどは異なります。

日本では、ドラマ『冬のソナタ』以来、『私の頭の中の消しゴム』*などロマンチックなメロドラマと温かくて男らしい男性キャラクターが中心となる映画が人気がある一方、中国や台湾では『チャングムの誓い』以来、『MUSA武士』*など主に韓国の伝統的ストーリーのドラマが人気があります。スターの場合も中国と台湾では日本とは違って男性よりは女性の俳優がもっと人気があります。タイやベトナムの場合は、韓国大衆音楽とホラー、アクション映画の人気が非常に高いです。

これはアジアが韓国の等質な外部圏域ではなく、同時代的な文化現象が起きている個々の地域であることを具体的に示しています。言い換えると、一本の映画に対するアジア各国の地域的な反応の違いによって、アジアがより一層具体的、多層的であることが分かります。

例えば映画『猟奇的な彼女』*の場合、韓国では破格ですが最終的には保守的に帰結する女の主人公に関心が集中した反面、日本では優しくて善良な男の主人公に対する好感が高くて、純粋な愛の物語や叙情的内容に感動をうけたという反応でした。これに対し、中国における映画の人気の理由は、中国ではなかなか見られない都市を背景にした若者の明るいラブストーリーのためでした。アジア地域の国家の近代化の速度差、歴史的、文化的記憶の差によって同じ映画に対して様々な反応が現れていることが分かります。これはアジアにおけるある一つの国家の大衆文化が一つの方向へと交流を強要できないし、たとえ強制的に一方的な交流を強要されてもそれには限界があることを証明します。

アジア文化共同体形成は可能か

それでは、このようなアジアで果たしてアジア的文化共同体形成は可能でしょうか。まず、このためには前述で指摘したように今現在の受用者にもっとも適合したデジタル技術に注目しなければなりません。サイバー空間で生産しているデジタルコンテンツは莫大な資本を調達しなくても新しいモデルが提示できますし、ここで流通している情報と知識もある特定の主体が独占的な権限を持つことではなく、共有の対象として提示されます。このようにインターネット・コミュニティーでは、使用者が垂直的なネットワークでの一方的消費者ではなく、水平的ネットワークを通した双方向的なプロシューマーの役割を果たすようになることでしょう。

二つ目は、特に映画の場合、オフラインでの映画祭の機能です。西欧の映画祭でアジア映画が発掘され始めたことで西欧人によるアジア映画内部の異質性が見過ごされた一方で、アジアの映画祭ではアジア内部の視線でアジア映画の異質性を認識し、これを通して本当の意味のアジア映画を探すための努力を始めました。アジアの映画祭は当初、自国の映画を西欧人に紹介するのに力を注ぎましたが、年を重ねるにつれアジア映画と映画関係者の和合の場に変わっています。既に、アジアフォーカス・福岡国際映画祭、釜山国際映画祭などをはじめとするたくさんのアジアの映画祭は西欧の映画祭とは違ってアジア人のコミュニケーションの場として位置付けられています。

三つ目は、現在流行っている韓流が、ハリウッド的大衆文化の変奏や模倣に留まり、大衆文化を受け入れる国に対する理解や文化交流に対する考えが省かれたままひたすら経済的な論理で文化に接近することになれば、このようなヘゲモニー的文化発展に対する受け入れ側の抵抗に直面するということを熟知しなければなりません。韓流が成功するためには自国中心の発想を乗り越えて東アジア文化ネットワークの構築を考慮すべきです。特に支配と従属の空間としてではなく、文化交流の場として新たなアジア的文化交流空間を作らないといけません。我々がハリウッド文化を警戒するように、韓流がハリウッド化することを警戒するとしたら、それは彼らが生産する文化が大体反女性的、人種差別的で階級的な感じ方に影響を受けているからです。これから始まるアジアの大衆文化はこれとは違うものにならなければいけません。ハリウッド文化に対する本当の対案が韓流をはじめとしてアジア的文化共同体の形成へと繋がることを願います。

四方田 どうもありがとうございました。とても重要な指摘をいただきました。それでは、今度は福岡、当地にいらっしゃる後小路先生にお願いいたします。美術館、博物館でずっとアジア美術のことを研究してこられ、そして九州大学で教鞭をとられている、皆様も恐らくご存じの方だと思います。先生、よろしくお願いいたします。

変貌する同時代のアジア美術のなかで──福岡という街の可能性

後小路雅弘（日本・九州大学大学院教授）

増加する国際現代美術展

私は今、ご紹介いただきましたように九州大学の教員ですが、もともと福岡市美術館と福岡アジア美術館の学芸員を四半世紀にわたって務めてまいりました。そこで、福岡市のポジションについて、アジアにおける越境的な文化の交流の可能性における、福岡市の役割というか、立場について、体験的にアジアの美術を紹介してきた立場と経験からお話ししたいと思います。

今日のアジアの美術をめぐる状況ですが、ビエンナーレやトリエンナーレ、これは二年に一度あるいは三年に一度という継続的な国際現代美術展のことですが、これが非常に増えてきました。激増したと言ってもいいですね。

それから、中国で北京とか上海に巨大な芸術区というものが幾つもできて、ほんの数年前には想像もできなかったような大規模な画廊がたくさん軒を並べているという状況が出現しています。数年ぶりに中国に行くと、別の国というよりも別の星に来たような、そういう気さえします。こうした芸術区には韓国や日本のギャラリー、あるいはタイのギャラリーなども出店をしています。

一方、美術マーケットが非常に高騰しまして、投資の対象としての現代美術の出現、これは中国を中心に、現代美術が投資の対象になってきたというような状況の変化があります。これはそれ以前とは全く異なった状況です。

さっそくスライドを見ていきます。

〔スライド1〕〔スライド2〕

シンガポール、台北、上海で開かれた二年に一度のビエンナーレ、広州はトリエンナーレと言って三年に一度ですが、それから日本でも横浜、越後妻有、今年は愛知とか瀬戸内のトリエンナーレなど、大規模な国際現代美術展が開催されてきました。

韓国では、今では老舗的な位置を得ています光州（クワンジュ）ビエンナーレ、それから釜山の

〔スライド１〕上海ビエンナーレ2008年

〔スライド２〕光州ビエンナーレ2010年

ビエンナーレがあります。これ以外にも、もっとあるのですけれども、いま挙げたものが代表的なところです。このようにアジア各地で国際的な現代美術展が継続的に開かれることによってアジアのアーティストの発表の機会ももちろん増加をしました。加えて、日本のキュレーターが中国のビエンナーレの企画構成をするというように、交流の活性化ということも起こっています。

ただ、そういう大規模な国際展を組織できる能力があり経験もあるキュレーターというのは、そうたくさんいるわけではないので、同じようなキュレーターが、いろんな場所で開かれる展覧会のキュレーターを務め、いつも同じようなアーティストを取り上げるというような現象があって、どこに行っても大体似たような顔ぶれが並んでいるというようなことがあります。

それから、かつての光州ビエンナーレで見られたように、欧米の著名なキュレーターが欧米の国際展を、セカンドハンドというか、もう一回アジアで再構成するような展覧会を作る。もちろんそれはその土地の人にとっては、わざわざヨーロッパまで見に行かなくても良いわけですから、大変いい機会とも言えますが、一方で、どこでやっても同じものをやることが果たして文化と言えるかどうかという問題があります。そういう批判があって、今ではその場所でやることの意味を展覧会で問うというような、そういう傾向が出てきたように思います。

それを踏まえて、わが福岡アジア美術トリエンナーレですけれど、これまで第四回を数えていますが、アジアの現代美術に限定していること、それから、美術館の継続的な活動としての展覧会であるというところに、特色と独自性があると思います。

〔スライド3〕

これは中国北京の、もともとは大きな工場跡で、七九八という名前の地区です。そこが、いまは芸術区として、たくさんの画廊が軒を並べています。この大きな芸術区がまた、北京のあちこちに

〔スライド３〕ギャラリーが軒を並べる北京の798芸術区

あるんです。上海にもあります。

〔スライド４〕

ついに現存作家で一番高額で取引きされる画家になった、中国のジャン・シャオガン（張暁剛）の絵が、四億円とかいう値段で取引きをされたというニュースです。かつて福岡市美術館が購入したときは二〇〇〇万円程度だったものと、同程度のものが二億円以上の金額になっています。

　中国に続いて、インド現代美術も高値を呼んでいまして、イギリスのスター作家の名前を借りて、〝インドのダミアン・ハースト〟とも言われるスボード・グプタは、第一回福岡トリエンナーレで取り上げたころは、このような牛糞を重ねた作品で、もちろんこれは運ぶことも、おそらく買うこともできないのですが、今では食器など日用品の金属器を集積する作品をつくって、非常に高値を呼んでいます。

　東南アジアに行くと、中国とインドの次は東南アジアということで、青田買いといいますか、

な現象としてあります。

〔スライド4〕スボード・グプタ『母と私』1997年

ディーラーがやってきて、作品をどんどん買っていくような状況が生まれていると聞いています。

もちろん、アーティストには金持ちになる権利があるわけで、我々がアーティストは貧乏であるべきだと思うのは一種の幻想ですが、私の友人である中国のアーティストで、清貧に甘んじて、全く売れない作品を延々と一〇年間つくっていた人がいます。私が彼に「中国のアーティストはみんな金持ちになったね」と言うと、「いや、中国のアーティストは金持ちになったんじゃない。大金持ちになったんだ」と言うのを聞いて、衝撃を受けました。この経済的な活況、あるいは発表の場が増えることによって、しかし、アートは確かにつまらなくなっているということが、皮肉

福岡でのアジア美術展開催

さて、遡って福岡市美術館の開館（一九七九年）ですけれど、ここで一九七九年と八〇年に、福岡市のアジア交流事業の先駆けとしてアジア現代美術展を開催しました。それから一〇年経って、福岡市の文化政策は、いわゆる「よかトピア」（アジア太平洋博覧会福岡'89）を契機にして、大きくアジアに舵を切って、アジアマンス、福岡アジア文化賞、それからアジアフォーカス・福岡国際映画祭という主要な事業を立ち上げていって、総合図書館にはアジア映画の映像ライブラリー、貴重な作品が蓄積されていくというような状況があります。

もちろんこれは喜ぶべきことであると思います。しかし、行政主導で行われたアジア交流については、限界もあります。福岡市のアジア交流を担当している職員と話をしても、幾らやっても市民は実はあまり喜んでいないのではないか、市民の支持はあまりないのじゃないか、行政主導でここまでやってきたけれど、それを続けていいのかと、そういう思いが現場の担当者の間には、だんだん強くなっているようにも感じられます。

〔スライド5〕

いまのアジア中で行われているビエンナーレ、トリエンナーレの原型としての福岡アジア美術展

〔スライド５〕アジア美術展の開催決定を報じる『読売新聞』(1977年11月30日朝刊)

の誕生を報じる読売新聞の記事です。「アジア美術の常設センターと作家交流の場所」という記事で、福岡アジア美術館の先取りのようなことが書いてありますが、このような内容のものが現実に実現するのは、九九年の福岡アジア美術館の誕生を待たなければなりません。

福岡市美術館では、第一回から第四回まで五年ごとに「アジア美術展」という現代美術展を開催しました。第一回目の「アジア現代美術展」は、一三か国から五〇〇名近いアーティストが出品した、アジア地域に焦点を絞った、世界で最初の包括的な現代美術展であるというふうに位置づけられています。しかし、実際にはこの展覧会は、展覧会主体が未確立で内容もまだまだ未熟であり、なんとか開催にこぎつけるだけでやっとというような状況で、特に注目も集めなかったのですが、しかし、そこが福岡市におけるアジア文化交流の原点であったということは、今、振り返って言えることだと思います。

〔スライド6〕

〔スライド6〕第4回アジア美術展でパフォーマンスを展開するシンガポールのアーティスト、リー・ウェン

続いて「第二回アジア美術展」が一九八五年、さらには「第三回アジア美術展」がよかトピアに合わせて一九八九年に開かれました。「第四回アジア美術展」が一九九四年に開かれて、この時にようやく、広くアジアの中でも、日本の中でも高い評価をいただくことができて、この年はアジア現代美術ブームと言われましたが、その一翼を担った展覧会です。

この展覧会はアーティストをたくさん招いて、三週間ほど福岡に滞在してもらい、さまざまな活動を展開してもらうというところに特色がありました。それまで展覧会というと、開幕してしまえば、その後は何も変わらない、静かな空間でしたが、アーティストが滞在していろいろな活動をするために、どんどんどんどん、毎日毎日、展覧会がダイナミックに変貌していく、いわばライヴなおもしろさがありました。

〔スライド７〕華麗な装飾を誇るバングラデシュのリキシャ（福岡アジア美術館蔵）

〔スライド７〕

この展覧会の、もうひとつの重要な特色は、「美術でないもの」を展示したところにあります。写真はバングラデシュのリキシャ（人力車）ですが、美術でないからおもしろいと思って、既成の美術概念をひっくり返すつもりで展示したのですが、一方で、美術館に飾られたものは、みんな美術として受けとめるという、皮肉な現象があって、美術という制度の強固さを思い知った展覧会にもなりました。

こうしたアジア美術展で強調されるのは、「古代より地理的、あるいは歴史的にアジアと密接な関係を持っていた福岡市」という一種のイデオロギーであって、キーワードとして、金印とか、鴻臚館とか、お茶、禅宗、それからアジアとの距離の近さ、あるいは元寇といったようなことは語られるのですけれど、それに比べて、たとえば侵略の拠点であるとか、在日コリアンをはじめとする在日の人の問題ですとか、そういうところは、なかなか語られないわけです。結局、何が語られないのかということをしっかり見つめながら、そのことも語っていくことでしか、「交流」なり、「越境」なりということはあり得ないのではないかと思います。

まとめますと、アジア美術展の一五年間で特に重要なのは、今日の他の方のお話の中にもありましたように、エキゾチックなものを求める視点から、同じ時代を生きている人々への共感というものに展覧会が変わっていった、ということです。展覧会を見る人びとも作品をつくる側も、展覧会を企画する側も、変わっていったということが一五年間の一番大きな出来事でした。その三者の成長、いわばアジア美術展の成長を受け継ぐかたちで、福岡アジア美術館という新しい美術館がオープンしました。

アジア美術における「越境」

一九九九年に「第一回福岡トリエンナーレ」によって、福岡アジア美術館は開館しましたが、これもアジア美術館の一つの方法論です。システムとして、アーティストが滞在をして、地域の人々と関わっていくことで交流が生まれ、新しいアートが生まれるというような、そういう仕組み、戦略ですね。これは一般には、「参加型アート」と言われるようなものです。それを美術館の戦略として、あるいは方法として取り入れたのがアジア美術館でした。

〔スライド８〕清末のお土産的清絵画＝『中国人家族のいる冬景色』(1810年頃)(福岡アジア美術館蔵)

〔スライド８〕

それから、もうひとつのアジア美術館の方法論というのは、「美術でないもの」を対象とする、ということです。いま観ている画像は清朝末期の観光客向けのお土産物的絵画です。美術というものは、もともと西洋的な基準ですので、そういう西洋渡来の美術の枠組みを疑う、そしてそこから新たな価値を見いだしていくという、そういう理念でコレクションを形成していく。〝正しい〟美術史からは疎外され、除け者にされているもののほうから、むしろアジアの近代の美術、近代美術史を眺める、そういうことです。

この一五年間のアジア美術展を踏まえて、九九年に誕生した福岡アジア美術館は、「アジア美術館」というひとつの方法論そのものでもあります。今日のシンポジウムのテーマにある「越境」というのは、それぞれの国で国境を越えて文化が流れていくという、そういうお話だったと思うのですが、私はむしろ、このアジアの美術における「越境」を考えたいと思います。「美術」という枠組みを越えていく。あるいは異国趣味的な眼差しを越える。西洋渡来の美術という既成の枠組みを越えていく。美術館という制度も越えていく。

アーティストがそこに滞在することによって、福岡で活動することによって、越境する。そういうアーティスト・イン・レジデンスという方法を美術館の中に取り入れていったことで越境が可能になりました。

アジア美術の課題

ここで最後に課題を挙げておきたいのですが、福岡市美術館から三〇年、よかトピアから二〇年、アジア美術館誕生から一〇年間、アジア美術交流については、畑を耕し、種子をまき、育ててきたわけですが、今、美術館は「冬の時代」と言われるような厳しい環境にあります。冬であれば春は来るのですが、多分もう美術館には春は来ないだろうと、みんな思っています。それは美術館だけではなくて、福岡市という行政の中で、新しい市長が「アジアのナンバーワン都市」と言っていますが、それは大体どういう意味なのかというところがよくわかりませんけれど、美術館がこの永遠に続く冬の時代の中で、果たして市民の支持というものを得られたのかどうかということが問題です。

それから、「アジア美術館」という枠組みは、いまだに有効なのかということです。もともとアジアの美術というのは、欧米中心の価値観の中で、アジアの現代美術というのは無いも同然、そこに価値を認められていなかったからこそ、アジア美術館という方法が有効だったわけで、アジアじゅうにそういうビエンナーレ、トリエンナーレができ、あるいは欧米でも取り上げられるようになって、なお、いまだにアジア美術館という方法は有効なのか、ということです。

それから、これは四方田さんもおっしゃいましたし、プラープダーさんもおっしゃった、別の言い方でおっしゃったような、「アジア的なるもの」ですね。「アジアの美術」というものはあったのか。「アジアの美術」はあり得るのか。そもそもそういう問いが成立するのかということですね。それに私が答える術はない、あるいは簡単には答えられないことですけれど、皆さんに対する共有したい問題意識として投げかけておきたいと思います。

それから、最後にこれは付録なのですが、私は美術館現場を去って、九州大学で学生たちを相手に、それこそ村上春樹の初期の小説の中にありますけれど、大学の先生というのは砂地に水をまくような仕事だと、そういう仕事をしているわけですが、そこでもアジア美術館を離れて、ささやかに種子をまいて広げていきたいと思い、大学生が授業でつくるアジア美術の展覧会というのをやっています。

今年も、その展覧会がもうすぐ始まります。「お隣さん」という韓国と日本の現代美術の展覧会です。韓国はお隣さんですが、私たちもまた、だれかのお隣さんで、しかも韓国はさらに厄介なお隣さんから攻撃を受けたりしていますが、そういう「お隣さん」というテーマの展覧会を企画開催しています。行政にあまり期待してもしようがない時代ですので、むしろ市民が自分たちのやれる範囲で何か交流していくことのほうが、これからは大事なのではないかという、ささやかですけれど、そういう主張もこめて、こういう活動をしています、という報告で、私の発表を終わらせていただきます。

Ⅲ

討議

アジアという本質はどこにあるのか

アジア的なものへの疑問

四方田犬彦　それでは討議に移りたいと思います。これからいま発表をされた皆さんに、それぞれの発表を、それぞれに聞いた後でのコメントなり、意見なり、そういったものを、まず最初に一人ずつ話していただきたいと思います。

私はたまたまここにいらしている皆さんと知り合いなのですが、ここで私たち全員は初めてそろったわけですけれども、だんだんと話しているうちに共通の問題点というのが、少しずつ浮かび上がってきました。

それぞれ皆さんは、今までの経歴も、今やっていることもみんな違う。立ち位置もみんな違うわけですけれども、共通の問題領域、何かを共有しているという、そのことについてだんだん核心に近づいていきたいと思います。

例えば、プラープダーさんは「アジアらしさとか、アジア的なる本質とか、みんなが言っているけれども、果してそういうものはあるのか。我々は西洋的な枠組みの中で、どこまでもドタバタしているだけではないだろうか」というような、非常に自己批判的な問いを出されました。

メアリー・ウォンさんは、香港社会というものが社会的にも経済的にも非常に不安定な状況にあり、そして香港の場合には中国、つまり共産党政権からの人がわーっとやってくる、そういった不安定な状況の中で、日本の文学と映画がどんなふうに受容されているのかという、この問題を具体的に、例を出されて説明されました。

チョン・スワンさんは、「韓流」というものは別に韓国の映画が優れているとか、何かそういうレベルの問題ではなくて、アジアの全域で、つくる側と観る側の欲望というものの同時性が非常に高まってきて、それがたまたま韓国という場所を噴出点として出てきたのではないかというお考えです。

四方田犬彦氏

つまり、これまでアジア人は常にヨーロッパやアメリカのパースペクティブ、目線の中で、それになりかわることで大衆文化をつくってきたのに、ここで初めてアジア人がアジアを自ら直接見るようになってきた。こういう大きな流れの中で韓流を考えてみようではないかと。つまり、韓国がすごいとか、そういうレベルではないのだということですね。

そして、さらに提言として、アジア全体で文化的な共感をする、そういうゾーンというものが形成されるべきなのではないだろうか。レジュメでは文化的共感帯という言葉を使われましたが、そういうものを提唱されました。

　最後に後小路さんは、これまでアジア美術をずっとこの福岡の地で紹介、キュレーションなさった後で、アジア美術館をつくられた。その結果を総括なされた後で、アジア美術の青田刈りの現状とか、億万長者になると作品がつまらなくなるとか、いろんなエピソードをお話しされました。最終的にこれまで西洋渡来の美術とか、美術館という考え方の枠組みをどうやったら越えることができるか、と同時に、果たしてアジア美術というものが初めからあったのだろうか。これも非常に重要な問題提起だと思います。つまり、アジア美術というふうにおっしゃられたのは、アジア映画でもいいし、アジア文学でもいいわけですけれども、初めからそんなものがあったのだろうか。それともこれから構築していくべきなんだろうか。そういった問題提起をなさいました。

　この四人が、それぞれ映画とか文学とか美術といったいろんなジャンルの立場、それから国も違うところから、それぞれがだんだん発展する中で、これまで西洋の眼差し、西洋の枠組みの中でアジア人は自分たちのことを見てきたことに対して、アジア人がアジア人で直接自分たちのことを考える時期が来たのではないか。しかし、果してそれは無邪気に受け取っていいのであろうか。アジアという本質がどこかにあって、それに到達すれば事が済むのであろうか。あるいはアジア的というふうな観念自体も思い込みにすぎないのではないだろうか。

いろんなニュアンスの違いはありますが、そういうふうな問題に私たちは差しかかってきているような感じがいたします。アジアは単に西洋の目から見たアジアではない。私たちは「マダム・バタフライ（蝶々夫人）」とか、「お菊さん」とか、そういう異国情緒のメロドラマの時代はもう卒業すべきなのです。「スージー・ウォン」*の時代も、もうとうに昔なわけですけれども、しかし、世界ではいまだにアジアというのは西洋の眼差しのもとに論じられたり、あるいは語られたりすることが多いわけです。

現実に私たちも、今ここで日本語を使ったりしていますが、一方では英語を使ったりしている。それは広東語とか、タイ語の通訳の人を探していると、もう大変なことになるということで、アメリカの、イギリスの言語のもとにしゃべったりしているわけです。それが、いい、悪いではなくて、現実を見つめなければいけない。

ですから、そういうことでアジア的なものというものが初めからあって、それが覆い隠されていて、それが出れば本質が出てくるという、そういう単純なことではない。我々がアジア的と考えているもの自体が、実は西洋的な枠組みの中で成立したものではないだろうか。そういう非常に厳しい提言もなされています。

私の表現はちょっと抽象的になりましたが、こういうことを踏まえた上で、それぞれの方に、私のお化けの話も含めて、他の方々のことを踏まえた上で、このシンポジウムの後半に、いろいろな感想なりコメントを、リラックスしてしゃべっていただきたいと思います。

まず、プラープダーさんからお願いします。自由に話してください。

文化の背後にあるビジネス

プラープダー・ユン　たとえば文化的なもの、映画、音楽、文学などを私たちが実際見るときは、それらの背後にあるビジネスの側面を無視したり、あるいは見逃したりすることがありがちだと思います。

何かがポピュラーになってくると、それはたくさんの人が好きになったから人気が出ているのだと、私たちは単純に考えがちなわけです。たとえば村上春樹作品についても、村上春樹という作家が世界的に非常に有名になったから、彼の最新作がアジアでも非常に好まれて読まれるようになり、人気が出てきたのだと、そういうふうに考えがちなわけですね。

しかし、一般の人たちが、どちらかと言うと認識できていないのは、こういう文化的な産物と言われるもの全ての背後には、非常に大きなメカニズムが働いているということです。つまり、その背後には産業がありビジネスがあるということがわかってない場合が多いと思います。

プラープダー・ユン氏

たとえば映画の例をとりますと、過去数十年の間に、アジアの俳優たちがハリウッド映画に進出するようになってきて、時にはとても大きな重要な配役を獲得するということが現実に出てきました。私たちが、そういうふうにハリウッドで活躍するアジアの俳優たちを見て、どう考えるかというと、そのことを非常にロマンチックに受け止めてしまうわけです。ああ、あの人たちは俳優として非常に才能があったので、世界最大の映画産業界であるハリウッドでさえ彼らの実力を認めたのだ、だから彼らはハリウッドで活躍できるようになったのだと、そういうふうに一般の人は考えがちです。

しかし、これには実は別の側面もあります。その映画をつくる側の業界の人たちは、むしろ俳優の才能などは、それほど考えてはいないのかもしれません。むしろ俳優たちの背後にある市場、マーケットのほうを重要視していると思います。つまり、もっともっと自分たちの作品を売れる可能性について考えているわけです。

最近は、映画業界にとって、とにかくアジアというのは非常に大きなマーケットになってきたので、そういう理由でアジアの人気俳優をちょっと使おうかということになっているのではないかと思うのです。

ですから、チョウ・ユンファ（周潤發）が配役をもらったり、ジョン・ウー（呉宇森）が採用されたりするのは、結局はハリウッド側の、マーケットとしてのアジアを何とか獲得したいという思惑からきているかもしれません。彼らがアジアの観客を重視するがゆえに、アジアの人気俳優たちが仕事を得ているという面も無視できないわけです。

ですから、例えば大きな映画製作所で、スタジオの重役たちが「次の作品をどうしようか」というような話をしているときには、彼らは世界中でアジア文化を共有しようとか、あるいは文化の越境をしようとかは決して考えていないと思います。世界中にアジアの価値や文化をもっと広めることを期待しているのではなくて、むしろビジネスとして価値があるかどうかの話をしているというのが実情でしょう。

私が今、映画を例に挙げたのは、これが一番明確でわかりやすいだろうと思ったからですが、こういった例は他にもあります。出版業界もそうだと思うのです。やはり人気のある作品の背後には、具体的なメカニズムとしてビジネスが存在すると思います。つまり、出版社は明らかに自分たちのビジネスを拡大したがっているわけです。そのつながりをつくるために、いわゆるスター作家を各大陸に生み出したいと願っており、そうすることによって自分たちがその市場に打って出たいというのが出版社側の思惑だと思います。

それから、なぜ私がこのような、いわゆるアジア的視点とか、アジアらしさとかいうことについて疑問を感じるかというと、それはまだまだ自分たちが西洋のコントロールのもとで動かされているという気がするからです。たとえば、多くのタイ人にとっては、西洋で認められてないものに対して自分たちのほうから先に手を伸ばすということは、いまだに難しい状況にあります。つまり、先ほど出た村上春樹の小説でいえば、これは最初に西洋の知識人の間で非常に人気が出て、それからタイにも紹介されるようになったわけです。その前にタイ人が関心を持つということはありませんでした。でも日本では村上春樹の小説は以前からずっと非常に人気がありました。それほど長く日本で人気があったにもかかわらず、国際的な市場の中に村上春樹作品が登場して大きく取り上げられるようになったのは、つい最近のことでした。もし単純に今までと同じように日本でだけ人気がある作家にすぎなかったならば、村上春樹の作品は、決してタイ人の目に触れることはなかったと思います。

いつも私はこういうディスカッションに参加するたびに、自分の意見が非常に悲観的に聞こえるだろうし、自分が何かいろんなものを疑っている人間に見えるだろうなとは思います。けれども、やはり、あくまで自分たちが消費者として何かを消費させられているときに、こういう疑問を持つということは大事だと思っています。

なぜかというと、背後にそういうビジネスのメカニズムがどう動いているかということに疑問を投げかけることとさえ、今の私たちには許されてないような状況にあると思うからです。だからこそ、そういう疑問を持つこと、投げかけることが、非常に重要ではないかというのが私の意見です。以上です。

四方田　非常に興味深い問題の新しい展開をしていただいたと思います。村上春樹の受容のされ方にしてもそうですけれども、つまり、私たちは今、資本主義社会の中にいるわけですから、必ず全ての芸術も文化も商品になってしまうわけですね、コモディティーになる。

全てが文化商品になっているという現状の中で、アジアという言葉がどんなふうな記号、「しるし」として現前しているのか。アジアが商品化されること。それも西洋の枠組みの中で商品化されるということは、やはり現代思想の中でもきちんと論じられなければいけない問題だと思います。ご提言は非常に興味深く思いました。

では次に、メアリー・ウォンさん、どうぞ。

中国の怪奇映画

メアリー・ウォン　私は実は四方田さんの先ほどの基調講演を聞いていて、怪奇映画、恐怖映画、幽霊の物語について触れられたときに、ちょっと考えたことがあります。

アジア各国には確かにそういうふうな幽霊の物語や、いろいろな伝説が伝わっていると思いますが、そのスタイルとか、様式、モードは、各国で違うわけですね。映画に関して言いますと、たとえば香港映画で、ゴーストストーリーの映画の特徴というのは、いつもそれが喜劇と組み合わされているということです。

ですから、おもしろおかしい幽霊というか、お化けが出てくるわけです。衣装もおもしろおかしいものだし、たとえばキョンシーみたいに柩からポンと飛び出してピョンピョン跳ねるとか、幽霊がカンフーをやるとかいうように、お化けとか幽霊とカンフー映画やコメディーが組合わさっている。そういうふうな喜劇とゴースト物語の組み合わせというのが、香港映画の特徴だろうと思うのですね。

メアリー・ウォン氏

それから、もう一点付け加えたいことがあります。共産主義の国には、こういったゴーストの映画がないというようなことをおっしゃいました。確かに中国では一九四九年以降は、そういう映画はつくられていないわけです。ただ、実際は存在したことはしたということも言いたいと思います。

これは日本の映画の場合とか、香港映画の場合のように、いかにもゴーストの物語だというふうな映画としては登場してないのですが、実例がありまして、非常にマイナーなやり方でつくられたのですけれども、作品があります。これは一九八〇年代につくられたもので、第四世代の監督の一人である女性監督、ホァン・シューチン（黄蜀芹）がつくった作品が実際に存在しています。

私が覚えている限り、中国語の原題を「人・鬼・情」といって、これを英訳した英語のタイトルは「WOMAN DEMON HUMAN」といいます。日本では「舞台女優」という題名になっています。

どういう物語かというと、中国である男性が死ぬわけです。しかし、彼には妹がいて妹は生き残っています。そこで、妹の結婚ということが問題になってくるわけです。中国では女性が結婚するときに、必ず両親だとか、兄だとかが助けるのが当たり前なのですが、その兄妹の両親も先に死んでいるし、とうとうお兄さんも死んでしまった。そこで一人生き残った妹が心配で、兄が幽霊になって出てくるわけです。妹はさぞかし寂しいだろうとか、だれもそんな孤児の妹と結婚してくれないのではないかと、いろいろ心配で、死んだ兄が幽霊になって一生懸命、結婚相手を探してくれたりする、そういうストーリーになっています。

その映画が、非常におもしろおかしくて、非常にひねったストーリーになっています。主人公は都会に住んでいる現代女性ですけれども、いわゆるチャイニーズオペラといいますか、京劇とかの舞台女優であるわけです。その舞台のストーリーも映画全体のストーリーと似たような組み立てになっているのですが、その舞台で主人公の女性は役を演じるわけです。そうするとその舞台演劇のストーリーが、主人公の女性の実生活にも影響を与えるという組み立てになっています。

ですから、その映画の中には死生観とか、死んだ者が現実にヒロインの主人公の生活に影響を与える場面が表現されています。そしてその女性の結婚がどういうふうに動いていくかということが、映画の組み立てとして表されているわけです。

特にひねったところは、この女性が舞台女優として舞台に上がったときに、自分でその兄の役を演じるという部分です。もともとの映画のストーリーでも、ある舞台を演じる女優が主人公ということになっていまして、その本人が幽霊として影響を与えるというようなことを舞台で演じるわけです。

ですから、中国本土で幽霊の物語が全然つくられなかったということではありません。香港映画とか日本映画のようなやり方では出てこないのだけれども、存在はしていたということは言いたいと思います。ただ、その出方が非常にほかのところとは違っていて、そういうやり方だったら、何とか中国共産党のもとでも幽霊を登場させても許されるというような実情はありました。

韓国文化の香港での受容

メアリー・ウォン　それから、もう一つ付け加えたいのが、香港における韓国文化の影響についてです。これはもう皆さんが触れたことですけれども、プラープダーさんが言われたように、その背後に文化産業があるということは、私も確かにそのとおりだと思います。つまり、広報宣伝することにも配給することにも、非常に大きな努力がなされているわけですね。

しかし、香港で韓国文化、あるいは文化商品をどのように消費者が受け入れているかというと、必ずしも一つのグループが全部受け入れているような一貫性があるわけではなくて、香港人も幾つかのグループに分かれています。

たとえば、韓国のテレビドラマを喜んで見ているのは、どちらかというと主婦層ですね。メロドラマといいますか、そういうものを楽しんで見ているわけです。それから、映画も幾つかのグループに分かれており、少なくともふたつのグループがあると思います。ひとつは非常に人気のある映画を観るようなグループで、もう一つ別のグループとして、いわゆる芸術映画といいますか、昔ならではのアート映画のファンで、そういった映画をずっと観ているというようなグループもあります。ですから、映画そのものでも、はっきり二つの観客層に分かれているといえます。

特に最近、詩人を主人公にした映画が上映されたときに、それが明らかに出ていました。私もとても好きな映画だったのですけれども、そういう作品はみんな知識人が観にいくというような傾向はありまず。その人たちは元々どこから影響を受けているかというと、ヨーロッパ映画からであり、彼らは根強い昔ながらのヨーロッパ映画のファンから出ているということがあるわけです。

消費者のトレンドについても同じことがいえます。人気のある映画を観るとか、あるいは流行りの食べ物に飛びつくとか、ファッションを楽しむとか、そういうふうにグループが分かれています。これは消費者のグループが分かれているというよりも、市場が分かれているというふうにいえると思います。そのように、いろいろ差し出される商品や、分断されたさまざまなマーケットに対して、香港の消費者側も積極的に自分たちが欲しいものを自分たち自身で取りにいって、手に入れているというのが現状だろうと思います。

以上が私の反論です。ありがとうございました。

四方田　どうもありがとうございます。

二つの重要なことを話していただきました。一つは韓国、韓流を含めての文化商品の受容ということで、香港は非常に先端の資本主義社会、高度な消費社会なわけですけれど、消費者がきわめて細分化されている。これは日本でも同じことが言えると思いますが、映画の観客層も非常に細かく分化されていて、それに見合った形で受容がされている。ですから、単純に「韓流が来たから、あとは港流だ」と、そういうものではないということですね。

もう一つは、私の「共産主義社会ではお化け映画はないのではないか」に対して、例外の例を出してくださいました。私もお話を聞いていると、どこか初期のアン・ホイ（許鞍華）のフィルムのような感じのおもしろい作品ではないかと思います。

ただ、私が知りたいのは、その映画がたとえば上海の万博で上映されるとか、あるいはカンヌ映画祭に持ち出されるとか、つまり、中国国家を代表する映画として出品されているかどうかということです。

アングラ文化の存在

四方田　私が共産主義社会の文化が素晴らしいと思うのは、そこにはアンダーグラウンドのカルチャーが健全に存在しているということです。つまり、共産党が認めた公式的な、オフィシャルな文化というものが一方にありまして、それが中国映画祭とか万博などで喧伝されるわけです。そして、それとは別に個人的な芸術家たちが当局の監視とか弾圧とか、いろんなものの中で、こっそりと仲間内だけでつくっているアングラ文化というのが存在している。どちらがおもしろいか、どちらが芸術の歴史に残るかは、私はわかりません。それはソ連＝ロシアのときと同じく、歴史が決めることでしょう。

日本では一九六〇年代までは、アンダーグラウンドの文化というのが確実にありました。唐十郎とか、土方巽とか、そして非常にマイナーなところで若松孝二とかです。つまり、それは公式的な文化というものに対して、反権力、反国家というところで芸術活動が行われていたのですが、今ではそういうアングラ文化というのがない。要するに、芸術家がどんなおもしろい実験をやったとしても、すぐに広告会社がそれに飛び乗って、文化商品に仕立てあげてしまうという状況なのです。おそらく美術においても、もうスキャンダルが成り立ちえない。

韓国も軍事政権のときには、それなりにアンダーグラウンドの文化というのがありました。例えばハ・キルジョン（河吉鍾）のような実験的な作風の人が、検閲とか、いろんなことがありながら、その中で闘って芸術的な映画をつくる。キム・ジハ（金芝河）はみずから金地下と名乗ってましたし、他にもいろんな人がいたわけですが、今、民主化になって、すべてが自由に発表できるようになったときに、アンダーグラウンドの文化がなくなってしまった。

でもタイは、私の感じだと、まだアンダーグラウンドの文化があるような感じがします。本当に地方でしか売ってないようなお化け映画のＤＶＤとかがあります。イサーンでしか売ってないＤＶＤがあったりして、タイの文化はまだ一枚板になっていない。

しかし、日本とか韓国では本当に一枚板になってしまって、どんなに過激なことをやっても、だれかが「おもしろいね」と言って、広告会社がついて、コマーシャルになってしまって、それでポイ捨てというふうになってしまう。

ですから、中国の共産党政権が素晴らしいのは、そういうアンダーグラウンドの当局に抵抗する文化の可能性があるということですね。それはやはり日本や韓国というような自由な社会、あるいは何をやってもいいけれども、だれも耳を傾けてくれなくなった社会から見ると、芸術的にうらやましいという感じがいたします。

では、韓国の話も出てきましたので、今度はチョン・スワンさん、お願いいたします。

アジア映画祭の役割

チョン・スワン　ほかの発表者たちの発表をすごく楽しく聞きました。私も基本的には、最近の、この大衆文化が文化ではなくて商品になってしまう状況はすごく心配だと思いますが、それは西洋とか、東洋とか、アジアとか、そんな問題ではなくて、基本的に資本主義の問題ですから、資本主義の欲望でそうなるのはしょうがないと思います。

　たとえば、プラープダーさんがおっしゃったとおり、今はＫ‐ＰＯＰとか、韓国の大衆文化がタイで流行っているのですけれども、韓国のドラマとか、映画とか、Ｋ‐ＰＯＰは好きだけれども、韓国の現状とか、韓国の歴史といった韓国の社会に対する関心はあまりない、これはどうかということですね。

　単純にそれはアジアの文化だからではなくて、昔、西洋の文化に対しても、同じ資本主義の欲望はもともとあったと思います。メアリー・ウォンさんが話されたように『１Ｑ８４』がすごく人気があって、全部読みたいと思うのですが、それを実際に理解して読むか。単純にそれがファッションになったりするのが今の現状で、知識人たちはそれをポスト・モダニズムだと言うのですから、それはしょうがないと思います。

　でもそれは、そうだから仕方がないと思うだけの悲観主義ではなくて、本当に何かしないとだめだと思います。さっき

チョン・スワン氏

話したとおり、韓流の場合でも、たとえば『シュリ』のように、韓国の映画がいまアジアですごく人気があるのは、ハリウッドの真似をしているからだとか言って批判する人もいるし、たとえば韓国から輸出するときも、実際にいいものだけを売るかというと、そうではないんです。高く売れるものを売るのです。

たとえば、イ・チャンドン（李滄東）監督の『詩』*が、アジア全域で見られるかというと、そうではありません。実際、韓国で、もっと小さくてもすごくいい映画があっても、売る側と買う側が合わないと、それが実際にはアジアの人には見られないときもたくさんあるのです。

それはしょうがないのですけれども、でも何とか方法があれば、方法を探さないとだめなんです。それが私はアジアの映画祭だと思います。もちろん、アジア映画祭の役割に対して、本当にいいかどうか、その批判もあるんですけれども、基本的に私がアジアの映画祭というものに意味を置くのは、今までアジアの映画が映画祭で観られるときは、西洋の映画祭を通じてだったからです。ですから、自分の国の映画を紹介するとか、アジアを代表するとかいう意味で、自分の映画が、カンヌやベネチアなど、いろんな西洋の映画祭で上映されるのを光栄に思ったりしていましたけれども、福岡のアジア映画祭もそうだし、韓国の釜山も含めてアジア映画を中心にするいろんな映画祭が今だんだん増えています。

アジア地域でのアジア映画祭というのは、やはりその中にも西洋の映画もあるし、いろんな目線もあるんですけれども、でも単純に西洋の人にアジアの映画を見せるだけでなくて、アジアの目線でアジアの映画を見つけるとか、それを通して何とか文化を理解しようとする気持ちを育てるとか、そういうパワーとしての役割が、まだまだその力は小さいですけれども、あるのではないかと思っています。これからアジアで開かれている映画祭をどのように利用すれば、アジア的な文化共同体をつくることができるか、それを何とか解決する回答があるのではないかと思います。

四方田　どうもありがとうございました。

確かにアジア中心の映画祭というのは、このごろ本当に増えている。もちろん福岡は先駆的にアジアフォーカスをやってきたわけですけれども、やはり釜山の映画祭とか、今、いろんなところでやっています。

それから私が知っている限り、例えばイタリアの田舎で、アジアの娯楽映画しかやらない映画祭というのをやっている。日活アクションとか、韓国のお化け映画とか、毎年、それだけをやっているというものです。「みんな見たことないだろう」というのが売りで、今年はどんなものを出してくるのか、という感じです。観客はもちろん西洋人なわけですけれども、とにかく石原裕次郎とか小林旭ばかりを二〇本やる映画祭とか、翌年はタイの怪奇映画だけやるとか、そういう映画祭も出てきている。それは非常におもしろい現象だと思います。

それから映画の場合には、ハリウッドの問題ですね。つまり、韓国の映画がものすごく世界的に配給されていますが、それが韓国の映画文法とか、そういったものと別にハリウッドの真似ではないかという批判はずっとありました。ハリウッドのようにつくって、ハリウッドのように売れれば儲かるのではないか、世界配給できるのではないかという、そういう要素というのも必ずあったわけですね。

これはプラープダーさんの言うこととも似ていますが、アジアのものはアジアのモード、アジアの目線でというだけではなくて、そこにかなりハリウッドのことを戦略的に意図して売ったという、そういう勝算というのが、あの世代には非常にあったと思います。それもみんな考えていかなければいけないという、重要なご指摘をいただきました。

『おしん』と韓流ドラマ

後小路雅弘　韓流の話がいろいろ出たので、チョン・スワンさんに簡単な質問ですけれども、二つほど韓流についての質問をしたいと思います。

七〇年代に東南アジアに行くと反日感情がすごく強くて、タイやインドネシアで日本商品の不買運動の学生デモとかがありました。八〇年代になって、それが一変したのは、あの『おしん』ですね。『おしん』というドラマを見て、日本もこんなに貧しかったんだと。そこから頑張って経済的に成功したのだということで、アジアじゅうで受け入れられた。どこに行っても、例えばネパールに行っても、『おしん』が放送されているときは、みんなが非常に熱心にそれを観ているという状況を見て、本当に『おしん』はすごいなと思ったのですが、アジアの中でただ一つ、フィリピンだけは『おしん』のドラマを全くおもしろいと思わなくて、途中で打ち切られたらしいですね。それで、一つ質問なんですけれども、コテコテの韓流ドラマを受け入れられないアジアの国というのはあるのかどうかお聞きしたいのです。

後小路雅弘氏

チョン・スワン　そうですね、たとえば北朝鮮。でも北朝鮮でも韓国のドラマをネット上で観るという話は聞いていましたから、韓国のああいうドラマとか韓国の今の大衆文化を意識的に受け入れないというところは、まだ無いみたいですよ。

まだ届いてないところはあるみたいですけれども、カザフスタンとか、イランとか。今は中東とか、中央アジアまでずっと行っていますから、意識して受け入れないところはないですね。でも、中国などで韓国の大衆文化が広がるのはあまりよくないと思って、意識的な嫌韓、つまり韓国は嫌いという運動みたいなものは若干あったと思います。やはり、ドラマの中で中国人を批判したりするものがあったりすれば、それがきっかけになって、そういう運動になったりもするし、そういうことはあるみたいです。かえって、私は最近、韓国の俳優がアジアのマーケットを意識しすぎて、日本語で話す俳優さんを入れたり、日本の場所をロケに使ったりするのは、逆に韓国にとっていいかどうか、個人的には思うのですけれども、まだ受け入れないところはないと思います。

後小路　そこでもう一つの質問ですけれども、アジアの人たちの、アメリカン・スタンダードにかわるスタンダードというものを求めたいという欲望が、その韓流を受け入れさせているということですが、だから特に韓国のそういうポップカルチャーが優れているわけではないという、そこは多少、謙遜もあると思うのですが、ただ、それはやはり他の国ではなくて韓国であったという事実があるわけです。やはり韓流でなければならなかっただろうと思うのですね。それはなぜか、私は言えないのですけれども、その辺についてのお考えがあったら、お聞かせ願いたいと思います。

チョン・スワン　これはこうだと私も言えないのですけれども、やはり一面ではさっき話したようにアメリカの真似もあったと思います。アメリカのポップミュージックもそうだし、こっちはどうかわからないのですけれども、アメリカのドラマは韓国ではミド（ミグック（米国）ドラマの略称）と言って、今すごく流行っているんですね。アメリカの大衆文化を観て、それを真似して、またアジアに売るということも、少しはあると思います。

けれど、そうは言っても、例えば、今すごく人気がある「少女時代」というガールズグループは、アメリカの真似かというとそうではない、全然違うアジア的な何かがあると思います。ですから、これだと言うことは、私はちょっとお答えできないと思います。

村上春樹の「国際性」

四方田　それでは、ここで二つほど、韓流と『おしん』と村上春樹を含めて、皆さんにお尋ねしたいのですけれども、自由にご自分の国の事情を話していただきたいと思います。

一つは韓流ですけれども、たとえば韓国のテレビと韓国の映画というのは、これははっきりと違うと思います。韓国映画というのは、これまでの韓国の歴史に対する批判的なテーマ、国家権力に対する、あるいはナショナリズムに対する批判、告発のテーマ、そういったものを積極的に取り上げています。身障者差別の問題とか、それから共産主義に対する弾圧の問題とか、要するに今までタブーであったことをどんどん取り上げていくというのが韓国の映画ですね。韓国とは一体何なんだということを問い続けて、非常にそういう歴史に対する道徳を突きつけている映画が強いと思います。

それに対して韓国のテレビドラマはというと、私はそんなに観たことはありませんが、とにかく『冬のソナタ』というのは全部観ました。メモをとりながら観ましたけれども、歴史的なものを非常に隠蔽する。皆さんも『冬のソナタ』はご存じだと思いますけれども、話の舞台は春川（チュンチョン）という町です。あそこに行った人はわかると思います。駅のど真ん前が米軍基地ですよ。アメリカ軍の基地があって、それで成り立っている町です。ところが、全二六回の中にアメリカ軍も基地も何も出てきてない。つまり、横須賀を舞台にして、佐世保を舞台にして、基地の問題を全て隠す。そういうメロドラマなわけです。

韓国に住んでいるとわかりますが、日本というのは日常的にあるわけです。ちょうど日本にいて韓国が日常的にあるように。しかし、あの中では日本は全く存在していない。アメリカにピアノのために留学に行く。フランスに建築の勉強に行く。それで韓国に帰ってくる。あの登場人物は、徴兵制はどうなっているのか。要するに、韓国の中の非常に重要な問題、歴史的な責任、米軍基地の問題とか、重荷の問題を一切論じない。そして、どこの国でもないようなロマンチックな物語にしている。つまり、多くのものを非常に隠しているわけです。

すると、あれを韓国のことは何も知らないアジアの人が観ても、「おお、わかる、わかる」と言うわけです。僕はずっと観ていましたが、登場人物が二六回で一度も韓国料理を食べなかった。だからこそ日本でも、それから世界じゅうの国でも受け入れられたわけです。そういうことを隠すことによって、米軍基地の問題も隠すことによって成り立っている。ですから、そういう韓流ドラマとイデオロギーの問題というものを、やはりもう一度考えなければいけないと思います。

それから村上春樹の話にしますと、数年前に村上春樹について世界翻訳者会議というのを国際交流基金でやりまして、世界中から二二人の翻訳者が集まりました。みんな言います。

チェコの人は『ノルウェイの森』の登場人物をトマーシュとマリアにしたら、これはもうプラハの話になるよと言うし、韓国の人は「私の心は春樹です」と言う。僕がモンゴルにいたときに聞いたのは、やはり羊がたくさんいるモンゴル人にしか『羊をめぐる冒険』は理解できないと言うわけ。香港の人には、やはり高度資本主義社会である香港とか港町でなきゃ、神戸生まれの作家のことはわからないと言われた。つまり、どの国の人も固有名詞を日本から中国名にしたり、韓国名にしたり、チェコ人の名前にしたりしたら、もうその国で通用してしまう。これは一体何なんだろうかということです。

つまり、そこにアジアらしさとか、日本らしさはどこにあるのかということです。村上春樹は世界中で読まれている。しかし、日本の本当に泥くさい、もう泥つき日本人の小説家がいます。例えば中上健次です。中上健次は全然読まれない。文学的には中上健次のほうがはるかに価値があると思う。ラテンアメリカの文学やウィリアム・フォークナーなんかと通じるようなものがある。しかし、世界中の人が読むのはダイエット・ペプシのようなニューヨーカーの小説とか、村上春樹である。

中上健次の小説は紀州という場所を抜きにしては理解できない。あるいは夢野久作の文学は、これは世界的な実験小説だと思いますが、これは世界文学であると同時に、福岡を抜きにしては理解できない。ちなみにこの間、ハイチ大使館にいるフランス人が、一〇年かけて『ドグラ・マグラ』をフランス語にしたと聞きました。国際交流基金の助成で、フランス語で出版したそうです。一九三〇年代にこんなすごい小説があった、ヨーロッパの文学よりすごいことが書かれていた、とフランス人が驚いている。確かに夢野には世界文学を予感させる規模の大きさがある。にもかかわらず、これは九州のコンテクストの中でこそ初めて十全に理解できる作品なのです。

でも、村上春樹は名前をほかの国の人のものに変えてしまえば、すぐそこでストレートに読まれてしまう。この問題と韓流の問題というのは、やはり重なっていると思います。例えば『おしん』の問題ですね。『おしん』というテレビを一生懸命に観る国、あるいは社会というのがある。それから、春樹の小説がどんどん読まれている国がある。この二つはやはり重ならないですね。

前に、元ソ連にいた人たちと話したときに、ロシアでは春樹が読まれる。エストニア、それからラトビアとかあの辺、リトアニアは春樹を読むんです。しかし、カザフスタンとか、ウズベクスタンとか、その辺の人たちは、春樹は翻訳もない。何をするのか。『おしん』です。『おしん』を一生懸命見る。フランス人の翻訳者は怒って言っていました。私たちフランス人は『おしん』は見ませんと。そのかわり、春樹はいいのですね。そういう意味で『おしん』を好きな社会は、村上春樹はだめなんです。それで、春樹を好きな、缶ビール飲んで、モダンジャズ聞いて、コスモポリタンというところは、「『おしん』なんて、もうやめてくれよ、思い出したくないよ」となる。

プラープダーさんにしても、メアリー・ウォンさんにしても、チョン・スワンさんにしても、皆さんはどうでしょう。例えば、おしんと春樹の関係ですね。『おしん』をご覧になったかどうかわからないけれども、日本のそういうものに対して、すべての日本文化を受け入れるとか、そういうものではないし、でもどういう気持ちを抱いていらっしゃるのか。ちょっと具体的な話ですけれども……。

『チャングム』の伝統性

プラープダー・ユン　最初に後小路さんが『おしん』についてどういうことを話されたか、ちょっと忘れたので、もう一回考え直さないといけないのですが、『おしん』は確かにタイで大ヒットしたドラマですね。あのころは、タイの若い女性はみんな「おしんみたいな人生を歩みたい、おしんになりたい」と夢見たぐらいの大ヒットでした。

私の妹は「大きくなったら何になりたい？」と聞かれたときに、「おしんみたいな女性になりたい」と、実際に答えたことがあります。ですから、ある意味では非常にユニークな現象というか奇妙な状況が起きたのだと思います。タイの若い女性が、非常に困難な人生を歩んだ日本人女性になりたいというのは、とても奇妙な状況だったと思います。

それともう一つ、タイで放映されて大ヒットした韓国の『チャングムの誓い』というドラマがありました。これもタイ社会に大きな影響を与えています。だから非常におもしろいと思うのですが、韓国の『チャングム』が、タイでは、いわゆる日本の『おしん』と同列に考えられたわけですね。

ですから、私の考えでは、このようにして『おしん』とか『チャングム』のドラマを見ることによって、実際のところタイの人はある程度、日本文化とか韓国文化を学ぶことになったと思います。

それから、タイ人の中で村上春樹の作品を好んで読むような人たちは、実は人口比でいうと非常に少数です。決して一般大衆ということではありません。学歴が高い知識階級、中流階級で、主にバンコクに住んでいるというような、非常に限られた数の人たちだけが村上作品を読んでいます。ですから、こういった比較というのは非常におもしろいと思うのです。つまり村上春樹の作品よりも『おしん』のドラマのほうが、はるかに多くの一般のタイ人の心を動かしたのですから。それはどういうことかというと、より伝統的な日本文化のほうが、つまり、『おしん』のドラマによってタイにもたらされた日本文化のほうが、むしろタイでは日本文化として受容される主流になっているということです。

私にとっては、これはいいことではないかと思えます。何か村上作品のように、先に西洋人から認められて、それが後でタイに影響を与えるというような、そういう影響の広がり方よりも、もっと大きな影響を与えたものは、『おしん』のような、別の日本の伝統的な文化だったということですね。その関係を見ると、より深いアジア的なもののほうが、タイ人にはつながりが感じられたのではないかと、そういうふうに私には思えます。

四方田　ありがとうございました。今度はメアリーさんにお聞きしたいのですけれども、村上春樹のことでも、『おしん』でも、自由に発言してください。どうぞ。

メアリー・ウォン　香港のケースはちょっと今のような説明とは違うかもしれません。『おしん』とか『チャングムの誓い』などのドラマには非常に伝統的な要素というか、伝統的な側面が強いと思うのです。もちろん『おしん』のドラマも、香港の人たちはたいへん好んで観ていました。もはや自分たちが失ってしまった何かがそこにあるということで、八〇年代に非常に人気が出た作品です。

最近また、韓国ドラマの『チャングムの誓い』が非常に人気を博したのも、同じような心情を香港人が持ったからです。あのドラマの中に非常に伝統的なクオリティーの高いものが表現されていて、それは自分たちも香港の都会では失ってしまったと、そういうふうな感覚で見ていると思います。

四方田　それはたとえば日本的と言っていいんでしょうか。それとも、もっとアジアの農民社会に基づいたアジア的というふうに言い換えることはできるでしょうか。つまり、『おしん』という物語を受け入れるときに、香港人はそれを「日本の文化だ、日本の物語だ」と思うのか。それとももっとアジアの農村社会、農民社会の前近代のそういうものに対するノスタルジアで受け入れたのか。どちらなんでしょう。

メアリー・ウォン　そうですね。実際、『おしん』というのは非常に日本文化のいろいろな要素を強く持っていて、それは香港で受け入れられたと思うのですが、一つ大事なことは、あのテレビドラマが放映されたときに観た香港人は「これは一九五〇年代に流行った香港のメロドラマに似ている」という感覚で観ていたわけです。八〇年代に放映された、その『おしん』のドラマを観ていた年配の人たちは、古きよき昔、今はなき香港の姿をその中で見て、昔はよかった、昔の女性は非常に母性もあって謙虚に生きていた、というように感じたのです。男女関係とかも全部そうですね。そういうものを見て懐かしんだということがあるわけですね。ある意味で、そのドラマの中にあるのは日本文化ではあるのだけれども、同時にそれは自分たちがかつて持っていた文化でもあるという見方で、香港の人たちは見ていたと思います。

　ですから、香港人は非常に複雑な感情を持っていると思うのですね。たとえば今の香港の若い女性に、あの『おしん』とか『チャングム』みたいな人生を送りたいかと聞くと、いやだと答えます。みんな近代的な、現代に生きる女性ですから、あんなふうになりたいわけではないという。ところが、若い女性はそうでも、年配の女性に聞いてみると、「女性がとても謙虚に生きている、ああいうメンタリティーというのは非常にいい」というんですね。現実のリアリティーでは、もう既に香港の女性はああいうふうには生きられないということはわかっているし、あんな困難な人生なんかとんでもないと思っていても、香港の古い生活を知っている人たちは、あれはよかったというふうな、そういう複雑に混じった感情があるわけです。

それから、たとえば韓国映画で『ペパーミントキャンディー』*のような映画だと、これを見るためには、韓国の歴史、近代史について非常に深い知識を持ってないと、なかなか享受できないという面があります。そのほかに、『ラスト・コーション』*という映画にもそういう性格があります。香港では『ラスト・コーション』は非常に人気が出まして、上映されているときは、毎日、新聞とか、いろんなところで数多くの映画評が書かれていました。ところが、アメリカで上映されたときは、それほどには受けなかった。なぜかというと、映画のストーリーのベースになっている、非常に複雑な中国の近現代史というのがアメリカ人にはなかなか分かりにくかったからです。ここのところにはこういう意味があるとか、あそこはああいうつもりだとか、その辺が全然アメリカの観客にはわからなかったので、自分たちがアイデンティティを持って見られる映画ではなかったわけです。

ですから、韓国映画の『ペパーミントキャンディー』とか、中国映画の『ラスト・コーション』とか、こういう種類の映画は、やはり他の映画に比べて人気をあまり博さない傾向がありますね。どちらかと言うと、非常にアーティスティックな映画といえる。だからごく少数の非常に熱烈なファンが出ていても、その人たちは、その映画を観る上では非常にたくさんの知識を持っていることが必要とされるわけですね。そういう意味では映画の観客層もいろいろ細分化しています。あるトレンドが出てきても、それにずっと乗っていく人たちが全部いるというわけではないのです。

四方田　ありがとうございました。だんだん話がおもしろく展開してきました。今度は韓国の側からチョン・スワンさんにお願いします。『おしん』はやってないと思うのですけれども、この話について、いろいろと自由にお話し下さい。

ノスタルジアについて

チョン・スワン　そうです。八〇年代には日本のテレビとか映画は禁止されていましたから、『おしん』は入っていませんでしたけれども、本は翻訳されました。全般的に人気はなかったのですけれども、すごく話題にはなった本ですね。

村上春樹と『おしん』は、読者層、観客層が全然違いますから、これは受け入れられるとか、『おしん』を日本の文化と見るか、ドラマと見るかというのは、ちょっと難しいと思いますね。全然違う時代に、全然違うジャンルでつくられたものですから。

もし、『おしん』がテレビドラマとして韓国に輸入されていたとしたら、七〇年代、八〇年代なら確かに人気はあったと思います。韓国はそのような時代だったし、『おしん』に描かれたようなものに対してのノスタルジアもあったので、いろんな面でほかのアジアのように人気があったと思います。

四方田 今は『おしん』を必要としているのはアフリカですね。アフリカで猛威をふるっています。アフリカから日本に来ると、『おしん』の国に来た、と言っている。サンコンさんに会ったら「日本の水田は美しい、理想の国だ」と言っていました。砂漠から来ると、男も女も平等に田植えをしている、これはユートピアだと。私がパーティで会ったとき、個人的にサンコンさんが言っていました。

このノスタルジアの問題と、アジア的な問題とか、そういった問題というのは大きなテーマだと思います。日本でもたとえば香港のウォン・カーウァイ（王家衛）の映画は、すごくノスタルジックですばらしいというので、みんなが観るし、ホウ・シャオシェン（侯孝賢）の映画もノスタルジックでいいということで観るわけですね。

では後小路さん、ご経験から、ちょっと自由にお話しいただきたいのですが、たとえば美術を含めて、そういうノスタルジアの問題とか、エキゾチックな問題とかいったものは、他のアジア諸国のものを受け入れるときに、あるいはこちらから発信するときに、どういうふうに関わってくるでしょうか。

後小路　それはアジアらしさということと重なる問題であると思いますけれど、やはり私もアジアらしさというものがどんなものなのかということを考えたり、あるいは求めたりしつつ、しかし、同時に非常にそのことに慎重になる。よくアジアの近現代美術を専門にしていると、アジアの近現代美術のどこに魅力があるのですか、とか、どういうところにアジアらしさというものがあるのかということを聞かれるのですけれども、確かに福岡アジア美術館の常設展示室に行って、アジアの近代から今日までの作品が並んでいる部屋に入ると、いろんなことを感じるんですね。

たとえば調和的とか、優しい感じとか、しかし、それはアジアの美術がそうだと言ってしまった段階で、たちまち一種のステレオタイプになって、今度はそれがその自分の感覚を縛りはじめるというか、そういう非常に危険な部分があります。ですから私はできるだけ、「アジアらしさというのはこういうものだ」ということは言わないようにしています。

確かにそれは、たとえばルーブル美術館に行ったときと違う別の感情を、アジアの美術作品から持つのですけれども、しかし、そのことをレッテルというか、言葉で言うことに対して非常に慎重になってしまうし、それは慎重でいいのではないかというふうに感じております。

四方田　ありがとうございました。皆さんにいろいろ多方面のさまざまなパースペクティブな発言をいただきました。これはもう結論は出ない話なわけですけれども、これからの宿題といいますか、いろんな問題が提示されたと思います。

アジアらしさというのは、本当はフィクションじゃないかという、これは非常に重要な発言で、実は我々はずっとその言葉に振り回されてきました。あるいは日本らしさとか、韓国らしさとか。でも、それは他者がつくってきたものかもしれないわけで、私たちはもうちょっと実際の作家や、あるいは実際の映画から始めていかなければいけないということは言えるのではないかと思います。

どうも皆さん、ご発言をありがとうございました。では、このシンポジウムは、これでお開きにしたいと思います。

総括

四方田犬彦

これから私が議長ということで、お相撲で言うと弓取式みたいな形で、簡単にまとめといいますか、お終いのピリオドのような感想を申し上げたいと思います。

とにかく、いろんな問題がここで明らかになってきたと思います。漠然といろんな国から、いろんな立場の方々が発言を準備してくださったわけですが、その後のディスカッションのときに、アジアらしさの問題とか、いろんな問題が出てきたと思います。

ちょっと話を一番最初に戻しまして、日本でアジアのことがどんなふうに言われてきたか。例えば、「アジアにこれから行きます」とか学生が言うわけです。これは非常におかしいことで、東京に住んでいる人間が「これから日本に行きます」と言うか。あるいは東京に住んで「今から地球に行きます」と言うか。それは言わないですね。

「僕はアジアが好きです」とか、「アジアに関心持っています」とか、「アジアに行きます」という言い方は、自分はアジアではないというのが前提なわけです。つまり、日本はアジアではない。福澤諭吉が言ったように、アジアではないから、「アジアに行きます」とか、「アジアを勉強します」とかになるんですね。我々がアジアだということを忘れてしまっていて、「私はアジアの美術とか好きなんです」となってしまう。だから、日本人がまず考えなければいけないのは、我々は実はアジアの中でやっているということです。

もう一つ言いたいのは、日本というのは西洋と東洋のちょうど真ん中にあって、両方を見ている。アジアとヨーロッパと両方わかっている国なんだからと、そういう紋切り型の言い方を日本人は好きですが、これも全く嘘です。たとえばメアリー・ウォンさんのいる香港ですけれども、香港は実際に百年以上もイギリスの植民地だった。それでみんなキングズ・イングリッシュ、映画館も劇場もみんなイギリス式です。本当にそのイギリスというものを知っていて、しかも広東文化があるわけですね。だから香港人は自信を持って、「自分は東洋と西洋の真ん中にいる」と言うことができるんです。

モンゴル人はどうか。「私たちはヨーロッパというのは、コミュニズム、ソビエトというヨーロッパを勉強しましたから。そしてモンゴル人ですから」というのです。つまりどこのアジアの国にも共通しているのは、常に「私たちは純粋なアジアではありません。東洋と西洋の真ん中にいるのは私たちだけです」というふうな言い方をすることです。日本人もしますけれども、香港人もするし、それからインド人もしますね。みんな英語をしゃべっていますからね。

ヴェトナム人はそうではない。「私たちは隣の国がフランスですから」と言います。日本人もいつも言います。「私たちは東洋ではない。アジアではない。アジアと欧米の両方の真ん中にいるんだ」と。そういうことを言うのがアジア人なのです。アジア人しかそういうことは言わない。どこのアジア人も、そういうことを言うのです。

ですから、日本人はまずアジアを外側に見て論じるのではなくて、「今からアジアに旅行します」と、そういうことではなくて、我々も初めからアジアにいるわけですね。そのことから考えないといけないと私は思います。

日本のレストランガイドを見ますと、日本料理というのがあって、フランス料理があって、イタリア料理があって、中国料理があって、このごろになって韓国料理というのがあって、「その他エスニック料理」とか、「その他アジア料理」というわけです。新宿に一〇〇軒もあるタイレストランは、「その他エスニック料理」なんです。エスニシティって、どんな人間もエスニックなわけですね。ヨーロッパ人もエスニシティだし。だけど、なぜかアジアの人たちはひとくくりにしてエスニック料理という。

それから、タイの音楽もペルシャの音楽もみんなひとくくりにして、エスニック・ミュージックと言います。これはおかしいのではないか。フランスだって、イタリアだってエスニックです。もう ド田舎。でも普通の日本語の中では、そういうふうにして、フランス、イタリア、アメリカ、中国、その他みんなエスニックという。この言い方自体に認識の限界があり、非常に傲慢な言い方があると思います。

私は自分の学生にはこういう言い方をしてほしくない。韓国は韓国料理とか、タイはタイ料理。本当のことをいえば、実はタイ料理というものはないのですね。タイには四つの全く違う文化があるし、タイに行けば行くほど、例えば東北部と北部と南部とバンコクは全く違う。文化も食べ物も違う。韓国はというと、東と西では全く違うカルチャーを持っています。それが非常に豊かで食べ物も違う。

本当は都市の名前で言ったほうがいいわけです。つまり、福岡だって「日本料理」と言ってそんなに簡単に済むものじゃないよと、皆さん、おっしゃると思うのですね。福岡にしかない食べ物、食べ方の作法、場所の記憶がいっぱいある。それは事実です。日本人は大体辛いものを食べないけれども、ここはメンタイコがある。魚の種類も太平洋とは違う。それから朝鮮半島との行き来があるから、いろんな影響もあるとか。それを日本料理というふうに簡単に言えないと思います。これは福岡の料理であり、九州の料理なわけです。東北の人は東北の料理であるわけですね。ですから、ひとくくりにして日本料理と言うとか、ひとくくりにしてエスニック料理と言うこと自体が実はだめなんで、国家ということも枠を外して、シティで、街で考えなければ、文化というのはわからないと思います。

でも長い間、私たちは欧米の文化というのは勉強してきました。ここにいる皆さんも含めて「サルトル」と言ったら、「フランスの哲学者」と、皆さん知っていらっしゃる。例えば「ヒッチコック」と言ったら、「アメリカの映画監督」と、みんな知っているわけです。

私は「タイにおけるシュルレアリスムの影響」という発表を聞いたことがあります。すると、そのシュルレアリスムのことを、タイではものすごく知っている人たちがいる。でも、その人たちは日本の美術館も知らないし、韓国の映画監督も知らない。あるいは夢野久作を知らない。つまり、みんなばらばらなんです。でも、みんな、ヨーロッパの芸術家とか、ハリウッドの映画監督の名前は知っているわけです。ピカソは知っているし、ヒッチコックも知っているけれども、でも韓国に天才詩人でイ・サン（李箱）という人がいたのだけれど、イ・サンの名前は韓国人しか知らない。本当はイ・サンという人はピカソと同じような天才だと私は思うのだけれども、みんなは知らない。

アジアはみんな知識がばらばらになっていた。みんなヨーロッパの芸術家のこととか哲学者の名前は知っている。みんなヨーロッパを向いていて、あっちのほうは褒めてくれるわけです。「日本人なのにサルトル知ってる。偉いね」とか、「タイ人なのにヒッチコック知っていて偉いね」ということになる。褒めてもらったという感じがする。

ところが、インドネシア人はタイのことを知らないし、タイの人は日本のことを知らないし、日本の人は韓国のことを知らない。みんながばらばらになっていたわけです。これはやはりグローバリゼーションの中で、どんどん少しずつ融けていったということです。これは非常にいいことだと思います。

たとえばタイの小説が翻訳されたり、プラープダーさんの本も含めて、これはとてもいいことだと思います。韓国の映画はバンバン来ています。いろんな意味でアジアのいろんな国がお互い同士の文化を見ようとしている。それはやはりアジア美術館の創設は大きな意味を日本の中で持っていたと思います。これからその意味はもっと大きくなると思いますけれども、そういうふうにして、どんどんアジアの内側でそれぞれがお互いを知る。ヨーロッパを通してということではなくて、少しずつ変わってきているということは重要だと思います。

そのことを認めながら、さらにそこで考えなければいけないのは、では自分の国の作品、つまり、そこの泥つきというか、そこの国のところでしか出てこないような、例えば中上健次の小説とか、他の国に置き換えることができないような映画監督、内田吐夢とか、そういう人たちが国際的には不当に置き去りにされて、逆にたとえば黒澤、ハリウッドの圧倒的な影響を受けた西部劇を丁髷をつけて撮っていた黒澤が日本を代表する芸術家として世界的に有名になり、村上春樹が有名になる。でも村上春樹の場合は、それは決して日本の小説とか日本の文化を知るために重要ではない。春樹が悪いというわけではない。しかし、日本の泥つきの、日本のコンテクストの中でしか出てこない作家が置き去りにされて、そういうある種のコスモポリタンなものが、文化の匂いがしないものが世界に蔓延していく。

この状況は、これから私たちは改めて考えてみなければいけないと思います。それは春樹が好きだとか嫌いとか、そういう問題ではないですね。では、日本に住んで、日本の納豆とか、いかにもそういうものの匂いがワァーッとしてくるものしか日本の文化ではないのかというと、そうではないですし、あるいは日本文化の中にいて、日本の食べ物を食べて、日本人の奥さんをもらってでないと、日本文化は理解できないのかというと、それは違うと思いますね。それでは日本文化は普遍性を持たないことになってしまう。

でも一方で、日本の小説なり映画だけれども、どこの国に行っても、そのまますらすらと通用してしまうものが、それでいいのかという疑問があると思います。僕は今の韓国の映画を見て「すごいな」と思うのは、韓国人は韓国を見つめる映画を撮っているんです。韓国人とは何かという問題をめぐっていつも撮っている。韓国の歴史はこれでよかったのかという。すごいローカルな話なのですが、しかもそれを日本人やドイツ人が観て納得できる、わかる。

『ＪＳＡ』という映画、南北分断の映画、これを観てびっくりしたのはドイツ人でした。ドイツは東西分断だったけれども、こんな映画は撮れなかった。韓国は韓国の映画と思って撮っていたんですね、重要な問題だから。しかし、ドイツ人は東西分裂していたから、これはわかると言った。それはやはり冷戦体制のある普遍性なものを、『ＪＳＡ』という映画が体現していたわけです。

私はそういう意味で、韓国映画がすごいのは、韓国の問題のことにまじめに向き合っているんだけれども、それを世界中の人間が観ていてわかる。しかし、それを置き換えてすむという問題ではない。韓国の匂いがぷんぷんしてくるんだけれども、普遍的であると。これは非常に素晴らしいことだと思います。

日本の映画の悪口は言いたくないけれども、日本は毎年七〇〇本つくっている。今年、映画バブルで、大体テレビ局がつくっているわけですね。しかし、この七〇〇本の映画のうちで、日本人以外の人が観ておもしろいと通用する、あるいは共感を覚える映画というのは何本あるんだろう。

私はこの間、飛行機の中で『ダーリンは外国人』という映画を観ました。これは外国人に見せたくない。韓国人にも、それからフランス人にも、アメリカ人にも。だってヨーロッパだったら、外国人と外国人が結婚するのは当たり前なわけでね。日本人と韓国人が結婚するのもどんどん増えてきている。そのときに『ダーリンは外国人』、外国人と結婚したということが映画になるという、そういう映画産業自体が私は恥ずかしいと思う。それも国際線の飛行機の中でやっているんですよ。

僕は、日本というのは、今、どんどん文化的にガラパコス化しているというのは本当だと思います。日本は一億二千万人いるから、一億二千万の人が観る映画で、一億二千万の人が聞くポップスを出せばいいというふうにね。世界に向かわなくてもいいやという、すごく自閉的になってきている感じがします。

もうアジアに向かわないどころか、ヨーロッパにも向かわないですね。今、留学する人がどんどん減っている。外国に勉強に行こうというのは、福澤諭吉以来の日本の国是だったのに、もう学ぶことはないというので、みんな閉じこもっている。学生を見ていると本当にそうです。

それから年配の人に語学力があった。今の学生がどんどん落ちている。戦争に負けた後の日本人は一生懸命、語学を勉強しました。それは何なのかということを考えると、日本はどんどん文化的にも社会的にも閉鎖している。

この問題に、これから我々は向かい合わなくてはいけない。ここにいらっしゃる皆さんは世界中を飛び回っていろんなことをやっている方ですから、こういう人たちから見て、やはりアジアの文化の中の大きなコンテクストの中での日本の問題というのを、発言していただけたということは、私たちにとって非常にいい機会であったと思います。

　これをもちまして、私の結語といいますか、弓取式を終わらせていただきます。ありがとうございました。

本文注

《東アジアに怪奇映画は咲き誇る》

『もののけ姫』　一九九七年／宮崎駿監督による長編アニメーション／DVDはブエナ・ビスタ・ホーム・エンターテイメント。

『ゲゲゲの鬼太郎』　フジテレビ系列で一九六八年から放送されたアニメシリーズ。二〇〇七年に本木克英監督による実写版／ウエンツ瑛士、井上真央／実写版DVDはポニーキャニオン。

『リング』　一九九八年／中田秀夫監督／松島菜々子、真田広之／DVDは角川映画。二〇〇二年には『ザ・リング』としてハリウッドでリメイクされた。

『呪怨』　二〇〇二年／清水崇監督／奥菜恵、伊東美咲／DVDはジェネオン エンタテインメント。

アラン　韓国の代表的な伝説・怪談物語。映画『アラン（阿娘）』　二〇〇六年／韓国／アン・サンウン監督／ソン・ウナ、イ・ドンウク。

アッバス・キアロスタミ　イランの映画監督／一九四〇年〜／『友だちのうちはどこ?』、『桜桃の味』、『トスカーナの贋作』外

『ナンナーク』　一九九九年／タイ／ノンスィー・ニミブット監督／インティラー・ジャャンルンプラ／DVDはケンメディア

『雨月物語』　一九五三年／溝口健二監督／森雅之、田中絹代／DVDはCosmo Contents

『心霊写真』　二〇〇四年／タイ／バンジョン・ピサヤタナクーン、パークプム・ウォンプム監督／アメリカで『シャッター』の題でリメイクされた

『アイ』　二〇〇一年／タイ＝香港／オキサイド・パン、ダニー・パン監督／アンジェリカ・リー、ローレンス・チョウ／DVDはレントラックジャパン

《フィクションとしてのリアリティ》

『告白』 湊かなえによる二〇〇八年の小説。映画『告白』は二〇一〇年／中島哲也監督／松たか子、岡田将生／DVDは東宝㈱

『ノルウェイの森』 二〇一〇年／日本／トラン・アン・ユン監督／松山ケンイチ、菊地凛子／DVDは㈱ソニー・ピクチャーズエンタテインメント

『ヴィヨンの妻 ～桜桃とタンポポ～』 二〇〇九年／根岸吉太郎監督／松たか子、浅野忠信／DVDはポニーキャニオン。

《大衆文化交流を通じたアジア文化共同体形成の可能性》

『シュリ』 一九九九年／韓国／カン・ジェギュ監督／ハン・ソッキュ、キム・ユンジン／DVDはカルチュア・パブリッシャーズ。

『シルミド』 二〇〇三年／韓国／カン・ウソク監督／アン・ソンギ、ソル・ギョング／DVDはアミューズソフトエンタテインメント

『私の頭の中の消しゴム』 二〇〇四年／韓国／イ・ジェハン監督／チョン・ウソン、ソン・イェジン／DVDはジェネオン エンタテインメント

『MUSA 武士』 二〇〇一年／韓国・中国／キム・ソンス監督／チョン・ウソン、チャン・ツィイー／DVDはワーナー・ホーム・ビデオ

『猟奇的な彼女』 二〇〇一年／韓国／クァク・ジェヨン監督／チョン・ジヒョン、チャ・テヒョン／DVDはアミューズソフトエンタテインメント

《討議 アジアという本質はどこにあるのか》

スージー・ウォン リチャード・メイソンの小説『スージー・ウォンの世界』に出てくる中国人娼婦。一九六〇年にリチャード・クワイン監督、ウィリアム・ホールデン、ナンシー・クワン主演により映画

化された／ＶＨＳはＣＩＣビクター・ビデオ。

『詩』　二〇一〇年／韓国／イ・チャンドン監督／ユン・ジョンヒ、イ・デビッド／第63回カンヌ映画祭脚本賞受賞。

『ペパーミント・キャンディ』　一九九九年／日本＝韓国／イ・チャンドン監督／ソル・ギョング、ムン・ソリ／ＤＶＤはアップリンク。

『ラスト・コーション』　二〇〇七年／アメリカ＝中国＝台湾＝香港／アン・リー監督／トニー・レオン、タン・ウェイ／ＤＶＤはビクターエンタテインメント㈱。

あとがき

この本は福岡ユネスコ協会が二〇一〇年一一月二七日に開催した、福岡国際文化シンポジウム二〇一〇「越境するアジアの現代文化―現状と可能性―」を基に再構成したものです。

今回のシンポジウムの議長及び基調講演は映画史家で明治学院大学教授の四方田犬彦氏にお願いしました。六〇年以上に及ぶ福岡ユネスコ協会の活動において、多くのシンポジウムや講演会が開催されてきましたが、四方田犬彦氏が参加されるのは今回が初めてです。四方田氏に議長をお願いするにいたった経緯をお知らせすることにより、福岡ユネスコ協会の活動や今回のシンポジウムの意義づけについて簡単にご報告させていただきます。

福岡ユネスコ協会の活動を長年に渡って支えていただいている一人に鶴見俊輔氏がいます。氏は、福岡という地方都市で、日本の近代化の問題や戦後文化の変容、国際社会における日本についてなど一地方に限定されない射程の長いテーマを設定してシンポジウムなどを展開してきた当協会の活動に共感され、必要に応じて議長や基調講演を引き受けていただきました。しかし、近年歩行に負担を感じられるようになり、また鶴見氏同様に愛着をもって協会を支援してこられた加藤周一氏が他界されたこともあり、四方田犬彦氏のような若い研究者の協力の必要性を提案されたという経緯があります。

このシンポジウムの目的は、韓国、香港、台湾、シンガポールのアジア四小龍の躍進、アセアン諸国の経済的発展そして中国の経済大国化が進む中、日本文化の影響だけではなく「華流」「韓流」と呼ばれる中華圏文化及び韓国文化の流行現象が起こり、文化の相互浸透の速度がますます速くなってきた現代アジアにおける文化の現状を概観しようというものでした。アジア諸国の存在感が増してくる中で起きてきたこの現象は、改めて日本がアジアの一員であることを認識し直すことにもつながってくるはずです。

比較文化や映画を中心にアジアの文化研究をされてきた四方田氏は、海外で最初に教鞭をとられた韓国をはじめ諸外国の研究者や実作者との幅広い交友関係があり、このテーマを扱うのに最適の人でありました。日本の中でアジア諸国との交流に一九八〇年代以降積極的に取り組んでいる福岡・九州の地で、アジアの問題を今後の活動の柱の一つに据えている福岡ユネスコ協会のこのシンポジウムが、アジアの文化交流の可能性を拓くヒントの一助となれば主催者として望外の喜びです。

二〇一一年九月

福岡ユネスコ協会理事　山口吉則

〈著者紹介〉

四方田犬彦（よもた・いぬひこ）
映画史家・明治学院大学教授。1953年西宮生まれ。東京大学で宗教学を、同大学院で比較文学を専攻。その後、韓国の建国大学で客員教授を務めて以来、コロンビア大学、ボローニャ大学などで客員研究員を務める。2004年にはテルアヴィヴ大学や、コソヴォ難民によるプリシュティナ大学分校で客員教授を務めた。現在、明治学院大学での専門は映画史。文学、都市、漫画、美術、音楽、料理など広い領域にわたって批評活動を展開している。著書は『貴種と転生・中上健次』『ソウルの風景』『映画史への招待』『電影風雲』『見ることの塩』など。翻訳にパゾリーニ、サイード、ボウルズなどがある。

プラープダー・ユン（Prabda Yoon）
タイの作家、脚本家、評論家。1973年バンコク生まれ。中学卒業後に渡米し、ニューヨークのクーパー・ユニオン芸術学部を卒業。1998年タイに帰国後、様々な雑誌で短編やコラムを書き始める。2002年、『存在のあり得た可能性』で東南アジア文学賞を受賞。原作・脚本を手掛けた映画に『地球で最後のふたり』（ペンエーグ・ラッタナルアン監督、浅野忠信主演）等。『座右の日本』を出版するなど日本の文化への造詣も深い。

メアリー・ウォン（黄淑嫻、Mary Shuk-han Wong）
香港・嶺南大学中国語学科准教授。香港生まれ。香港大学で比較文学の博士号を取得。客員研究員として２年間東京大学で映画と文学を研究し、2005年から現職。『香港映画作品目録1913-1941』、『香港映画・文学作品目録』等編著書多数。日本では「政治的な男たちの絆と香港女性」（四方田犬彦、斉藤綾子＝編『男たちの絆、アジア映画　ホモソーシャルな欲望』所収）等。

チョン・スワン（鄭秀婉、Jung Soo-Wan）
韓国・東国大学校映像大学院映画映像学科助教授。東国大学校映画学科で博士号を取得し、2000年からチョンジュ（全州）国際映画祭の日本映画コーディネーターとして、2003年からは同映画祭のプログラム・ディレクターを務めた。日本への留学経験もあり、早稲田大学で博士課程を修了している。現在韓国映画学会会員及び韓国映画評論家協会会員。

後小路雅弘（うしろしょうじ・まさひろ）
九州大学大学院人文科学研究院教授。1954年北九州市生まれ。九州大学文学部卒業後、福岡市美術館、福岡アジア美術館の学芸員を経て現職。両美術館時代は長年アジア地域の近現代美術の調査研究・紹介に携わり、「東南アジア－近代美術の誕生」展、「第１回福岡アジア美術トリエンナーレ」、「アジアのキュビスム」など、アジア近現代美術関連の展覧会を手掛けた。現在大学ではアジアの近現代美術の研究ならびに教育を行っている。

〈通訳・翻訳協力（プラープダー・ユン氏、メアリー・ウォン氏の項）〉
椋本由起子

〈写真協力〉
福岡市総合図書館映像資料課
福岡アジア美術館

アジアの文化は越境する
——映画・文学・美術

二〇一一年一一月五日発行

編著者　四方田《よもた》犬彦《いぬひこ》
発行者　小野静男
発行所　弦書房
（〒810・0041）
福岡市中央区大名二−二−四三
ELK大名ビル三〇一
電話　〇九二・七二六・九八八五
FAX　〇九二・七二六・九八八六

印刷・製本　大村印刷株式会社

落丁・乱丁の本はお取り替えします。
© Yomota Inuhiko 2011
ISBN978-4-86329-065-5　C0095

◆弦書房の本

夢野久作読本
【第57回日本推理作家協会賞】

多田茂治　『ドグラ・マグラ』はいかにして書かれたか――。時代を超えて生き続ける異能の作家・夢野久作の作品群。詳細な作品解説と、その独特な文学世界の舞台裏を紹介。犯罪・狂気・聖俗・闇……久作ワールドの迷路案内。
〈四六判・308頁〉2310円

松田優作と七人の作家たち
「探偵物語」のミステリ

李建志　TVドラマ「探偵物語」の魅力の真相に迫る。一九七九年～八〇年という時代と松田優作が語りかけようとしたものは何か。そのミステリを個性豊かな脚本から解き明かそうと試みた一冊。
〈四六判・272頁〉2310円

飴と飴売りの文化史

牛嶋英俊　砂糖伝来以前からあった甘味料〈飴〉の知られざる事実。古代中世の水飴から現代のトレハロースまで、国民的伝統甘味料として様々に用いられてきた飴と飴売りの歴史をひもとく。
〈A5判・186頁〉2100円

素顔のカトマンドゥ
日本が教えてくれた故郷

ラジャ・ラトナ・スタピット　来日から二〇年以上、異文化にふれて故郷のカトマンドゥの未知なる魅力を再発見。街の小さな広場の楽しさ、数々の祭り、中世の建築物、近郊の聖地、食文化をエッセイと美しい写真二八〇点で紹介。
〈A5判・144頁〉1890円

＊表示価格は税込